Comida e vinho

HARMONIZAÇÃO ESSENCIAL

OBRA ATUALIZADA CONFORME
O **NOVO ACORDO ORTOGRÁFICO**
DA LÍNGUA PORTUGUESA.

FSC
www.fsc.org
MISTO
Papel produzido a partir de fontes responsáveis
FSC® C003494

Este livro foi impresso com papel certificado FSC®

Dados Internacionais de Catalogação na Publicação (CIP)
(Jeane Passos Santana – CRB 8ª/6189)

Santos, José Ivan
Comida e vinho : harmonização essencial / José Ivan Santos, José Maria Santana. – 3ª ed. – São Paulo: Editora Senac São Paulo, 2012.

Bibliografia.
ISBN 978-85-396-0252-0

1. Culinária (Vinho) 2. Gastronomia 3. Vinhos – Guias 4. Vinhos e vinificação I. Santana, José Maria. II. Título.

12-029s CDD-641.22

Índice para catálogo sistemático:

1. Vinhos : Alimentos e bebidas 641.22

JOSÉ IVAN SANTOS
JOSÉ MARIA SANTANA

Comida e vinho

HARMONIZAÇÃO ESSENCIAL

3ª edição

EDITORA SENAC SÃO PAULO – SÃO PAULO – 2012

Gerente/Publisher: Jeane Passos Santana (jpassos@sp.senac.br)
Coordenação Editorial: Márcia Cavalheiro Rodrigues de Almeida (mcavalhe@sp.senac.br)
Thaís Carvalho Lisboa (thais.clisboa@sp.senac.br)
Comercial: Jeane Passos Santana (jpassos@sp.senac.br)
Administrativo: Luís Américo Tousi Botelho (luis.tbotelho@sp.senac.br)

Edição de Texto: Adalberto Luís de Oliveira
Preparação de Texto: Lucimara Carvalho
Revisão de Texto: Fabiana Camargo Pellegrini, Jandira Albuquerque de Queiroz,
Luciana Lima, Luiza Elena Luchini
Projeto Gráfico, Editoração Eletrônica e Capa: Antonio Carlos De Angelis
Fotos do Miolo e da Capa: Claudio Wakahara
Impressão e Acabamento: Corprint Gráfica e Editora Ltda.

Editora Senac São Paulo
Rua Rui Barbosa, 377 – 1º andar – Bela Vista – CEP 01326-010
Caixa Postal 1120 – CEP 01032-970 – São Paulo – SP
Tel. (11) 2187-4450 – Fax (11) 2187-4486
E-mail: editora@sp.senac.br
Home page: http://www.editorasenacsp.com.br

Sumário

Nota do editor

Comida e vinho: harmonização essencial é o encontro de dois especialistas em vinho, José Ivan Santos e José Maria Santana, e revela alguns dos segredos do equilíbrio entre dois princípios de satisfação e prazer dos sentidos humanos: a comida e o vinho.

É preciso prestar atenção ao que se come, ao que se bebe, e, ao refinar-se essa atenção, as combinações possíveis entre pratos e vinhos que os acompanham passam a ser mais fáceis de se estabelecer.

A fim de colaborar nesse empreendimento, o Senac São Paulo apresenta ao leitor amante da cozinha dicas fundamentais para uma boa harmonização, sem que seja preciso ser um *expert* em gastronomia ou um *sommelier* renomado. E como recomendam os autores: "o melhor de tudo é experimentar, ter a satisfação das descobertas".

O livro traz fotos, a fim de que o leitor possa, na prática, perceber o prazer da boa harmonização, afinal "os aromas e sabores despertam o nosso apetite e a vontade de participar desse ritual da vida".

Apresentação à 3ª edição

Harmonizar vinho e comida é simples no atacado e complicado no varejo. A regrinha básica dessa difícil (e prazerosa) arte impõe: carnes vermelhas com vinhos tintos e peixes com vinhos brancos. Fácil? Engano. Aí entram outros ingredientes, texturas e uma infinidade de variedades e sabores que dificultam a combinação perfeita, isto é, aquela que maximiza o sabor do alimento e propõe uma parceria com o vinho – e podem até inverter a regra citada.

Como tudo o que envolve o vinho, a harmonização é mais um capítulo cercado de preconceitos. Ninguém condena quem acha inadequadas combinações esdrúxulas à mesa, como camarão com bisteca de porco, feijoada com macarrão ou goiabada com presunto, tudo isso regado a licor de menta no copo. Por que, então, o casamento entre vinho e comida também não pode ter seus princípios e recomendações?

Essa não é das tarefas mais fáceis, e torna-se ainda mais difícil devido à quantidade enorme de rótulos e receitas –

o que também torna a brincadeira mais divertida. Para quem não quer se arriscar, existem profissionais como os *sommeliers* em restaurantes, mas também é possível desenvolver esse talento de maneira individual. Há dois caminhos: o empírico e as indicações de especialistas e amigos. Ambos só funcionam, evidentemente, com a certificação pessoal de cada um. Harmonização boa é aquela que combina, antes de tudo, com o seu gosto.

Na área da indicação de especialistas, este livro que está em suas mãos cumpre a tarefa com simplicidade e maestria. Dois craques do mundo do vinho, José Ivan dos Santos e José Maria Santana, juntaram seus talentos e histórico degustativo para auxiliar os incautos na tarefa de juntar "lé com cré", ou seja, encontrar a melhor maneira de harmonizar alimentos e vinhos. Os dois "Zés" do vinho têm uma enorme folha de serviços prestados na área: o primeiro especializou-se pela Wine & Spirit Education, de Londres, e é autor de diversos livros sobre o tema; o segundo é jornalista de fino texto e contribui há muitos anos para publicações especializadas em gastronomia. Eis uma harmonização que deu certo!

A grande sacada do livro é facilitar a vida do leitor. A quem quiser se aprofundar um pouco mais, há explanações detalhadas sobre princípios e métodos de harmonização. Para quem quer ir direto ao ponto, quadros e tabelas resumem o que interessa. Qual vinho combina com que tipo de comida – organizados por tintos, brancos, rosés, espumantes, doces e fortificados e suas respectivas uvas.

O didatismo é o diferencial que torna a leitura deste livro um prazer adicional. Ninguém precisa ser um especialista para entender conceitos como o da relação de "peso" entre a bebida e a comida. Basta acompanhar a formulação feita pelos autores:

> Alimentos e vinhos têm peso, e ele deve ser levado em conta na harmonização. Um vinho potente vai atropelar uma comida leve e o contrário também é verdadeiro. As proporções de um e outro devem ser parecidas. Sabores delicados pedem vinhos delicados. A gente sabe quase naturalmente o que é uma comida leve ou pesada.

Fácil, não? Claro, não existe regra fixa. É possível desvincular uma coisa da outra. Se o vinho e a comida se estranharem – por exemplo, um potente tinto espanhol da Rioja e um linguado com espinafre orgânico –, basta intercalar um copo de água entre eles e a vida segue feliz. No entanto, se junto ao Rioja tivermos como acompanhamento um naco de picanha sangrando, ou o linguado for amparado por um fresco Chablis, que é um branco sem madeira da França, com certeza o seu índice de felicidade será maior. E muito.

Parafraseando os versos do compositor Paulinho da Viola, os vinhos e as receitas estão no mundo, só é preciso aprender. E os dois "Zés" estão aqui para ensinar.

Beto Gerosa
Jornalista, autor do Blog do Vinho e *publisher* do Portal iG.

Apresentação

Poucas descobertas na gastronomia são tão espetaculares quanto o momento em que nossos sentidos percebem, na boca, que determinado (bom) vinho está sendo a companhia ideal para determinado (bom) prato. A união dos prazeres conferidos por um e outro é maior do que a simples soma de sensações – transforma-se numa nova emoção.

Será ela indispensável? Minha experiência já demonstrou que, diante de um bom prato que não combina com um bom vinho, a vida continua. Come-se um bocado de um, bebe-se um trago de outro, separando-os com um gole de água ou uma fatia de pão (para que não se agridam), e não estaremos diante de nenhuma tragédia. Desde que cada um dos protagonistas da refeição seja de qualidade, bem entendido.

Mas, se não é uma tragédia, também não será o céu: é algo que só perceberemos a partir daquele momento mágico em que notarmos, ao longo da nossa vida de comedores e bebedores, a inebriante explosão de sentidos que um casamento adequado entre o prato e o vinho pode conferir.

A má notícia é que tal combinação é frequentemente difícil de ser conseguida. Ela depende de coisas tão complicadas e específicas, como reações químicas e fisiológicas entre ingredientes do prato e do copo, e de coisas tão complicadas e gerais, como as escolhas culturais de cada região e de cada época.

A boa notícia é que, para quem costuma beber vinho, a prática e o bom senso ajudam a nos guiar nessas escolhas, especialmente se tivermos informações didáticas e básicas a nos orientar, como as reunidas neste *Comida e vinho: harmonização essencial*. No qual os autores assinalam, com plena razão, que a harmonização entre comida e vinho ocorre por complementaridade ou por contraste – mas nunca, nunca, pela indiferença.

Josimar Melo
Jornalista, crítico gastronômico da *Folha de S.Paulo* e diretor do *site* Basilico. Professor de história da gastronomia da Universidade Anhembi Morumbi e autor do *Guia Josimar Melo*.

Agradecimentos

Este livro só foi possível graças à grande atenção de amigos que nos emprestaram, principalmente, seu precioso tempo, seja na leitura de originais e sugestões, seja na produção das fotos que ilustram o encarte colorido, que ajudam a complementar o texto.

Nos originais destacamos Marcel Miwa, pós-graduado em gestão de negócios em vinhos pelo Senac Sao Paulo, e nas sugestões, nosso grande amigo Jorge Lucki.

Na produção, a equipe do curso de gastronomia do Centro Universitário Senac, cuja foto ilustra esta página, foi quem elaborou os pratos do encarte.

A equipe foi coordenada pelo professor Marcos Bosniac Eituts e contou com a colaboração do professor auxiliar Marcelo Ozi, além dos alunos do curso: Agnes Sakita, André Ahn e Luis Yscava. Os vinhos foram fornecidos pelas vinícolas nacionais Miolo, Salton e Villa Francioni e pelas importadoras Decanter e Interfood. As taças corretas para cada tipo de vinho, que acompanham os pratos, são de Cristais Hering de Blumenau.

Princípios de harmonização I

No restaurante, um casal de meia-idade, distinto, pede magret de canard* com molho de maçã e purê de batata. O sommelier, profissional encarregado das bebidas, sugere para acompanhar o prato um tinto francês, produzido com a uva Merlot, no Pomerol, sub-região de Bordeaux. Na mesa ao lado, um casal mais jovem escolhe, no cardápio, trigo em grão com iogurte e hortelã. É um desafio para o sommelier, que pensa um pouco antes de recomendar um Chardonnay californiano amadeirado, torcendo para que a combinação agrade os clientes. Do outro lado do salão, dois amigos, sentados a uma mesa de canto, estão com pressa. Comandam ao garçom um espaguete ao sugo no capricho e, para completar, pão e uma garrafa de Chianti italiano.

São três pratos e, para cada um deles, um vinho diferente. Um completa o outro. Juntos, garantem o prazer de uma boa refeição. Comida e vinho sempre foram parceiros ideais e fazem um casamento saboroso. O segredo é a

* Peito de pato.

harmonização. Um não pode brigar com o outro. Um bom vinho pode matar um prato delicioso se ambos não forem compatíveis. E o contrário é igualmente verdadeiro.

No exemplo do restaurante, o sommelier usou de bom senso ao indicar as bebidas para os pratos escolhidos pelos clientes. O casal de meia-idade escolheu pato, ave que apresenta gosto marcante, acompanhado de molho de maçã, fruta com bastante acidez, quebrada um pouco pela caramelização. A força do sabor da carne e o molho recomendam um vinho com boa textura, mas macio, como os tintos do Pomerol.

O casal mais jovem preferiu uma receita de inspiração árabe. O branco foi uma boa pedida. O vinho e o prato têm corpo semelhante. Na combinação, é desejável que o vinho, na medida do possível, complemente os aromas da comida. A intensidade do aroma da hortelã e a acidez do iogurte aconselham um vinho que enfrente as duas situações e mantenha a harmonia. Os bons Chardonnay com madeira costumam ter peso e corpo para atender a esse requisito. O teor mais elevado de álcool lhes transmite leve adocicado, que faz bom jogo com o iogurte, além de aromas de baunilha e fruta madura, que se integram aos do prato.

Por fim, a massa com molho de tomate, simples e gostosa, não poderia ter companhia mais simpática. O tinto italiano tem acidez suficiente para enfrentar o molho vermelho.

São três situações corriqueiras, que nos permitem mostrar alguns dos princípios mais importantes da harmonização entre vinho e comida. Em primeiro lugar, é preciso entender que não há casamento perfeito, uma combinação única ou regras fixas. A refeição foi feita para dar prazer, e a harmonização também deve levar em conta o gosto pessoal. Um sommelier bem preparado tem diferentes sugestões a fazer aos clientes. No nosso exemplo, o peito de pato poderia ser acompanhado também por um Borgonha ou por um Rioja espanhol. Você pode pensar: no restaurante é fácil porque existe um profissional experiente que passa todas as dicas; o problema é em casa, quando não há o sommelier para dar aquela ajuda básica. Mas não é tão complicado assim. Conhecendo as chaves e a lógica das combinações, prestando atenção ao que se come e ao que se bebe, aos poucos a escolha se torna mais acessível, menos misteriosa. O melhor de tudo é experimentar, ter a satisfação das descobertas. Experimentar a cada vez um novo vinho, até dominar as possibilidades e descobrir o que mais nos dá prazer. O segredo de uma boa mesa é encantar todos os nossos cinco sentidos. Uma bonita apresentação atrai nosso olhar. Os aromas e sabores despertam o nosso apetite e a vontade de participar desse ritual da vida.

Estabelecendo vínculos

Como já vimos, não há regras que não possam ser quebradas, e, sim, princípios que, se bem compreendidos, podem levar a uma boa combinação. O preceito tradicional diz: vinho branco com peixes e carnes brancas, e tinto com carnes vermelhas. De maneira geral, ele não é equivocado e até se explica. As carnes brancas pedem vinhos mais leves e, como os brancos normalmente têm menos corpo que os tintos, o casamento se popularizou. Os tintos, vinificados com as cascas, apresentam tanino e estrutura mais adequada para fazer frente a uma suculenta carne vermelha. Mas a oferta atual é muito mais ampla que simplesmente vinhos brancos e tintos ou carnes brancas e vermelhas. A gastronomia moderna se estende muito além das cozinhas de inspiração italiana, francesa, espanhola ou portuguesa a que estávamos habituados. Encontramos hoje uma incontável riqueza culinária, sabores que vieram das Américas ou do Oriente. Fazem sucesso a comida japonesa, thai, árabe, indiana, mexicana ou a fusão multicultural de receitas. Novas regiões vinícolas em todo o mundo juntam-se às tradicionais, aumentando as possibilidades de parceria entre pratos e vinhos.

Mudam os tempos e os costumes. Os princípios fundamentais da harmonização, no entanto, permanecem os mesmos. Por suas qualidades aromáticas e gustativas, o vinho é um companheiro inseparável da comida. O conceito de companheirismo, de fazer companhia, é essencial. Prato e vinho, mesmo ótimos individualmente, podem se anular se não forem adequados entre si. Muitas vezes se diz que o vinho passou por cima do prato ou vice-versa. Assim, o que se busca é a harmonia entre eles. O prato enaltece as qualidades da bebida, e o vinho parece deixar a comida ainda mais apetitosa. Os italianos, que tomam tintos ou brancos nas refeições há séculos, dizem até que um bom vinho cresce com a comida. Há dias em que estamos com determinado vinho na cabeça, e o desafio é encontrar a receita que combine. Em outras ocasiões, já sabemos o cardápio e aí se trata de descobrir a melhor bebida. Na busca de chaves para a harmonização adequada entre vinho e comida, vamos analisar diversos critérios, que nos darão pistas importantes.

Comece por descobrir os elementos que caracterizam tanto a comida quanto o vinho. Eles ajudam a estabelecer os vínculos existentes entre ambos. É um conceito bastante difundido, por exemplo, que molhos brancos sugerem vinhos brancos e molhos tintos propõem os vinhos tintos. A cor é uma referência que pode estabelecer um vínculo entre prato e bebida. Não é a mais importante, mas é uma pista e, assim, cada um vai traçando seu próprio caminho gastronômico. Outro elemento comum a pratos e vinhos são os aromas. Cada um tem os seus, e eles podem se completar. Vejamos um filé alto, do tipo turnedô, com um perfumado tartufo nero.* O molho forte agradece a companhia de um tinto potente, como os italianos Barolo ou Barbaresco, em cujos aromas há notas terrosas e de alcatrão, na mesma linha dos apresentados pela trufa. Um assado ao alecrim faz delicioso dueto olfativo com um tinto espanhol ou um Cabernet Sauvignon do Chile. O leque é extenso: há aromas frutados, florais, herbáceos, vegetais, animais, de especiarias, terrosos, resinosos, fermentados, láticos, químicos. Assim como faz no copo, não se envergonhe – para sentir todas as nuances olfativas, enfie o nariz no prato!

Sabores básicos

É importante notar que cada prato e cada vinho se destacam por seus sabores básicos. A identificação dos sabores é principalmente uma função da língua, embora outras regiões, como a faringe e o palato, tenham alguma sensibili-

* Espécie de cogumelo subterrâneo; trufa negra.

dade. Na superfície da língua, existem inúmeras papilas gustativas, cujas células sensoriais percebem os quatro sabores básicos – ácido, amargo, salgado e doce. Eles são sentidos em toda a superfície da língua, mas, para efeito didático, podemos consideram uma concentração conforme a figura 1.

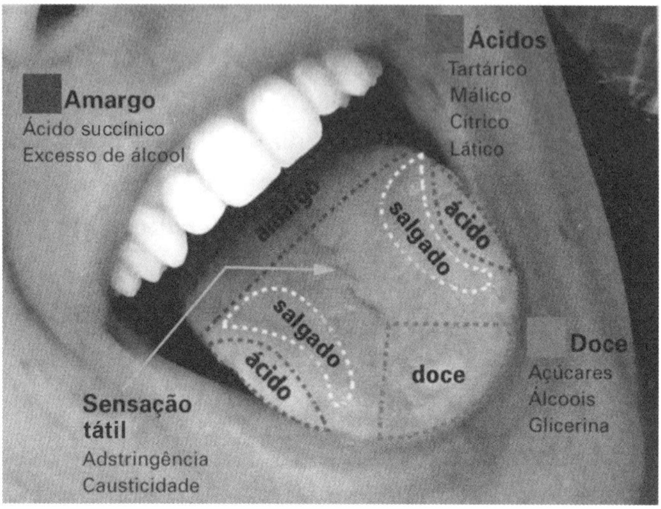

FIGURA 1. Distribuição das papilas gustativas na superfície da língua.

ÁCIDO

É detectado nas laterais da língua, sendo elemento comum do vinho e da comida. Os ácidos naturais conferem acidez ou azedume à comida ou ao vinho. A acidez provoca a sensação de refrescância, sendo um meio condutor de aromas. Um bom indicativo da acidez de um vinho é o seu brilho: quanto mais brilhante o vinho, maior a acidez.

AMARGO

Corresponde a uma sensação de ausência de doçura, que se percebe ao engolir tanto o vinho como a comida.

É comum em alguns vegetais (como endívia e rúcula), ervas, condimentos e comida tostada. O exemplo clássico é o chá preto. O amargo aparece em muitas comidas durante o cozimento, especialmente em altas temperaturas. Isso também ocorre quando, em vez de dar uma ligeira infusão em um chá, nós o deixamos ferver. O amargor é percebido especialmente na parte de trás da língua.

SALGADO

Não é perceptível no vinho, mas na comida é elemento importante, porque realça os outros sabores básicos. Algumas pessoas colocam um pouco de sal em frutas ácidas (manga verde ou laranja) para torná-las mais suaves ao paladar. A sensação de salgado aparece mais no centro da língua.

DOCE

A maioria das pessoas detecta-o na ponta da língua. É encontrado em muitas comidas e vinhos em diferentes níveis. Frequentemente, legumes e, com certeza, frutas podem acrescentar um grau de doçura à comida. O sabor doce é notado também nos componentes aromáticos frutados dos vinhos, nos aromas de tostado da madeira e no álcool. Nossas expectativas individuais determinam a conveniência dos níveis de doçura.

Componentes e texturas

Para avançar mais, note que as comidas e os vinhos apresentam uma gama variada de componentes e texturas cujo conhecimento é decisivo para a compatibilização. Pratos e bebidas podem ter tendência à acidez, à doçura, ao amargor. Alimentos podem, além disso, ser menos ou mais salgados.

A textura leva em conta os componentes gustativos, como gordura, suculência e intensidade do sabor. Um ossobuco sobre risoto de açafrão ficará bem na presença de um tinto jovem do Novo Mundo, com bom corpo. Nesse prato, que costuma ter bastante tempero e é rico em gordura, os taninos do vinho vão se envolver com a untuosidade da comida e parecer mais macios. Vamos ver inicialmente como se comportam os elementos relacionados aos componentes dos alimentos e do vinho.

ACIDEZ

A acidez, aquela sensação picante que nos faz salivar, está presente tanto nos alimentos quanto nos brancos e tintos. Por isso, um vinho aparentemente demasiado ácido para se beber sozinho pode trabalhar muito bem em conjunto com a comida. Ao procurar uma combinação agradável para um prato rico, salgado, gorduroso ou com um pouco de especiarias, um vinho com boa acidez será eficaz e refrescante. É o que poderia se chamar de regra do "toque do limão". Uma espremida de limão pode acentuar a riqueza de um prato ou cortar o excesso de sal de outro (por exemplo, controlar a salmoura dos frutos do mar). Um vinho com boa acidez pode cumprir o mesmo papel. Também harmoniza bem com pratos com molhos à base de creme de leite ou manteiga, com peixes oleosos ou de sabor forte, com crustáceos e com qualquer tipo de fritura por imersão.

Vinhos com boa acidez são os melhores para harmonizar com pratos ácidos. Um Sauvignon Blanc é ideal para salada de frutos do mar. Ingredientes ácidos como o tomate, a alcaparra e o alho-poró harmonizam melhor com vinhos que tenham acidez semelhante. Um vinho com menor acidez que a do prato parecerá sem corpo, magro, e desaparecerá. Portanto, quando servir o vinho com pratos ou ingredientes ácidos, procure oferecer um vinho mais ácido.

A acidez traz à tona a integridade de ingredientes simples e bons

Comparamos a acidez de um vinho a uma caneta marca-texto. Uma passada da caneta marca-texto faz o trecho grifado se destacar na página. A acidez do vinho pode provocar o mesmo efeito com a comida, destacando a essência do aroma de algum ingrediente. O milho, o tomate maduro, os crustáceos e a mozarela fresca ganham uma nova dimensão quando harmonizados com um vinho ácido e descomplicado, que faz aromas vibrantes e deliciosos saltarem desses alimentos.

Vinhos com baixa acidez são mais difíceis de combinar com comida. É melhor servi-los com ingredientes mais neutros ou que contenham um toque de acidez. Um untuoso Pinot Grigio ou um Chardonnay podem melhorar na companhia de uma suave mousse de peixe servida com suco de limão e uma forte salada de rabanete branco.

DOÇURA

Vinhos têm diferentes níveis de açúcar, podendo ser levemente doces ou meio-secos. Normalmente, achamos traços de doçura em Rieslings, Chenin Blancs, Gewürztraminers, Muscats leves e em alguns estilos de espumantes.

A doçura é um bom contrapeso para moderar especiarias

Muitas receitas asiáticas, como o picante churrasco de frango coreano ou o porco chinês de duas cocções, não precisam ser acompanhados exclusivamente de cerveja. Nesses casos, um vinho com baixo a médio teor de açúcar trará um bom contraste e domará a ferocidade do calor gerado pelo uso de especiarias, até mesmo aliviando a sensação de queimação causada pela pimenta.

A doçura do vinho pode complementar a leve doçura da comida

É o caso de vinhos levemente adocicados com pratos acompanhados de chutneys, molhos feitos com frutas frescas ou secas (reidratadas); o aroma das frutas ressoa bem com a maioria desses vinhos.

Doçura pode ser eficaz no contraste com sal

Essa é a regra por trás da harmonização do vinho doce francês Sauternes com roquefort, ou outro queijo azul, e do vinho do Porto Vintage com stilton. No entanto, esse gênero de harmonização requer experimentações, já que nem todas as combinações são boas.

Vinhos de sobremesa devem ser mais doces que a sobremesa

O conteúdo dessa regra é óbvio para quem já foi a um casamento e teve a infeliz experiência de provar um caro Champagne Brut com um pedaço de bolo, cheio de creme de manteiga. O Champagne subitamente se transformará em uma água com gás azeda. No mínimo, os níveis de doçura do vinho e da sobremesa devem se equiparar. Também sobremesas à base de frutas são mais compatíveis com os vinhos de sobremesa. Evite cremes de manteiga muito doces e espessos com espumantes.

SALGADO

Assim como para a saúde das pessoas, o sal na harmonização de vinho e comida é importante e necessário em pequenas quantidades. De maneira análoga à dos médicos, que pedem para se prestar atenção ao consumo de sódio, à mesa você precisa estar atento à quantidade de sal nos pratos e como isso afetará a escolha do vinho. Para melhor aproveitamento do vinho, o gosto salgado deve ser reduzido e não ampliado.

O salgado é atenuado pela acidez do vinho

Vinhos brancos e espumantes, como regra, são naturalmente mais ácidos e, portanto, combinam melhor com pratos salgados que qualquer tinto. Por exemplo, a acidez de um Pinot Grigio jovem é um contraste refrescante para uma lula empanada ou um peixe assado em crosta de sal.

A percepção do sal é aumentada pelo tanino

O tanino é a substância que dá o sabor amargo e a textura adstringente ao tinto. O tanino vai, normalmente, acentuar o excesso de sal, resultando numa harmonização tão charmosa quanto chupar uma pedra de sal, especialmente quando se está servindo um vinho tinto encorpado e rico em taninos. Por isso, não é qualquer tinto que combina bem com o bacalhau – embora em Portugal seja essa a preferência. Tintos macios e brancos amadeirados costumam fazer boa companhia ao peixe salgado, tão apreciado lá como aqui no Brasil.

O álcool é acentuado pelo sal

A forte presença de sal na comida fará com que o vinho pareça ter mais teor alcoólico (ser mais quente) que na realidade. É importante tomar conhecimento disso, pois você não gostaria que o vinho escolhido para harmonizar com o prato se assemelhasse a uma vodca. Grande quantidade de especiarias também tornará o vinho mais quente; beber um vinho tinto encorpado com um chilli* é o caminho certo para uma azia.

Pratos salgados podem ser contrabalançados por vinhos meio-secos ou doces

O salgado e o doce juntos são como mágica. Embora nem todas as pessoas pensem dessa forma, há vários exemplos: torta de peixe tailandesa com molho agridoce apimentado, presunto com mostarda e fast-foods salgados com ketchup harmonizam com vinhos doces ou meio-secos; se a combinação ficar apagada, tente colocar uma pitada de sal no prato. Ocasionalmente, essa adição de sal poderá reavivar a presença do vinho.

AMARGOR

Alguns alimentos, como certos vegetais, apresentam amargor ao serem provados. Com determinados vinhos, especialmente os tintos, acontece a mesma coisa. Às vezes, é um pequeno travo típico, que não chega a incomodar. Há casos, entretanto, que o amargor, no meio da boca ou no final, é bastante perceptivo, e não é exatamente uma qualidade da bebida.

O excesso de madeira não faz bem ao vinho

Nos tintos, o traço desagradável é provocado principalmente pela vinificação de uvas que não atingiram sua ple-

* Tempero típico da cozinha mexicana à base de pimenta-malagueta; é utilizado comumente no preparo de aves e carnes.

na maturação fenólica ou pelo excesso de madeira. Para haver equilíbrio, o repouso nas barricas de carvalho deve ser proporcional à concentração de fruta e à estrutura desejada. A madeira em demasia passa taninos indesejados ao vinho. O tanino é elemento importante na composição dos tintos, desde que maduro.

Carnes vermelhas ajudam a domar os taninos

Há tintos menos ou mais taninosos. Do ponto de vista da química, eles se ligam às proteínas. Por isso, acomodam-se muito agradavelmente às carnes vermelhas, aos molhos ricos e aos queijos de pasta dura. Tomados sozinhos, ou com um alimento leve, pobre em proteínas, os taninos vão buscar liga em outro lugar. Sabe onde? Nas proteínas da saliva, que perde assim suas propriedades lubrificantes, provocando aquela sensação adstringente, que amarra a boca como uma fruta verde.

Princípios de harmonização II

A compatibilização entre pratos e vinhos nada mais é do que um jogo delicioso que se pratica à mesa. Depois de analisar alguns dos principais componentes, é hora de falar da textura dos alimentos e dos vinhos, na medida em que apresentam níveis diferentes de gordura, suculência, untuosidade, maciez, peso e intensidade do sabor. Digamos que o prato seja brochettes* de carne de porco e cebola caramelada em molho de laranja. A carne tem sabor e peso de leve a médio, enquanto a caramelização acrescenta um toque adocicado ao prato. Um tinto potente não seria adequado. Teria peso superior ao da carne, e o doce brigaria com os taninos. Melhor ficar com um branco de corpo médio, com boa acidez e perfumado, como um Viognier ou um argentino feito com a uva Torrontés.

Aqui, a língua, mais uma vez, tem papel importante. Na função de músculo que transfere pesos dentro da boca, tam-

* Pequeno espeto com pedaços de carne, peixes, miúdos, etc. assados ou grelhados; espetada.

bém é ela que "pesa" o corpo do vinho e da comida. Vamos ver, então, cada um dos elementos relacionados à textura.

O peso

SE TIVER DE APOSTAR EM UM CRITÉRIO, ESCOLHA ESTE

Uma regrinha de ouro diz que a força de um prato não deve sobrepujar a do vinho e vice-versa. Alimentos e vinhos têm peso, e ele deve ser levado em conta na harmonização. Um vinho potente vai atropelar uma comida leve e o contrário também é verdadeiro. As proporções de um e outro devem ser parecidas. Sabores delicados pedem vinhos delicados. A gente sabe quase naturalmente o que é uma comida leve ou pesada. Peixe grelhado ou um espaguete fininho com molho de manteiga de sálvia são pratos sutis, um convite para um branco leve.

Uma refeição à base de pão e queijos de massa mole está mais para peso médio, acolhendo bem um branco de corpo médio, como um Chardonnay sem muita madeira ou um tinto jovem, um Pinot Noir, um Malbec. Cordeiro, caça, carnes e massas com molhos copiosos e com queijos de pasta dura são comidas de sabor forte, de maior peso, que pedem um vinho à altura, como um musculoso Cabernet Sauvignon, um Barolo, um Tannat ou um Shiraz* australiano potente.

TEOR ALCOÓLICO ALTO PODE INDICAR VINHOS MAIS POTENTES

Especialmente no caso dos tintos, a cor escura, densa, fechada, que impede a passagem da luz, pode ser uma pista

* Grafia normalmente adotada na Austrália para a uva Syrah.

para vinhos potentes, carregados. O teor alcoólico elevado é outro indicativo. Tintos com gradação superior a 13,5% costumam ser mais musculosos e fortes, ao gosto moderno. Já os grandes Bordeaux clássicos ficam normalmente nos 12,5% a 13%. Têm estrutura e muita personalidade, e seu estilo favorece a elegância.

O MOLHO É COMPONENTE IMPORTANTE DO PESO

Um frango tem carne branca. Grelhado é a pedida ideal quando queremos algo leve. Prepare agora a mesma ave ensopada, com molho espesso de tomate e batatas. A coisa muda de figura. O frango ganha peso. Pede um vinho igualmente com mais peso.

A MANEIRA DE COZINHAR ALTERA A TEXTURA

Um alimento cru, ou preparado no vapor, tende a ser mais leve que um cozido ou assado. Dito isso, é só aplicar os princípios. Comida leve, vinho leve, possivelmente um branco ou tinto ligeiro. Os cozidos, como aqueles que misturam carne, legumes, embutidos, a exemplo do bollito misto,* ou assados de vários tipos, requerem tintos mais potentes.

A intensidade

Além do peso, há outro elemento que não pode ser esquecido, a intensidade do sabor. Algumas vezes, esses dois componentes são confundidos, mas eles têm naturezas diferentes. Uma comida bem temperada não é necessaria-

* Cozido típico do norte da Itália em que as carnes (de vaca, vitela, língua, galinha) são cozidas em peças e só cortadas no momento de servir.

mente pesada. Os pratos orientais, originários das culinárias thai ou indiana, e mesmo algumas receitas japonesas, geralmente são picantes, condimentados, o que não significa que tenham grande peso.

A percepção da diferença é importante na hora de escolher um vinho. Para esse tipo de comida, os casamentos mais recomendados são aqueles com vinhos similares. Prefira os brancos que ofereçam intensidade de aromas e corpo de leve a médio, como Sauvignon Blanc, um espumante brut ou até um Jerez seco, vinho fortificado espanhol.

NÃO SE ESQUEÇA DO MOLHO

Mais uma vez é preciso prestar atenção nos molhos. Eles podem fazer a diferença se tiverem sabor mais intenso que o alimento principal, seja peixe, ave ou carne. É com o seu perfil que o vinho deve combinar. Um antigo e experiente sommelier de São Paulo repete sempre: "Quem manda na receita é o molho". Sábio conselho.

Taninos, madeira e álcool

Numa harmonização entre comida e vinho, é interessante conhecer um pouco mais sobre outros elementos da bebida, como a presença de taninos nos tintos, a sensação de adstringência, o teor de álcool. O uso ou não de barricas de carvalho deve ser levado em conta, pois a madeira pode marcar os aromas de brancos e tintos, além de acentuar características como o amargor, se utilizada sem cuidados.

TANINOS

Componente essencial dos vinhos tintos, o tanino deriva da pele das uvas tintas, de onde também se extrai a cor.

A madeira nova, quando utilizada para amadurecer o vinho, pode agregar igualmente elementos tânicos à bebida. Taninos maduros, bem trabalhados, são agradáveis ao paladar e indispensáveis para garantir a longevidade do vinho. Mas, se não amadureceram adequadamente, ou se o vinho ficou demasiado tempo na madeira, pode ocorrer uma sensação de adstringência ou rascância. Por isso, muitas vezes os taninos são associados ao sabor amargo e à textura rugosa; é o mesmo que se encontra no conhecido chá-preto.

Na verdade, é mais uma sensação tátil que propriamente de sabor. Mostra o aspecto áspero do vinho na boca. Os taninos fazem coagular as proteínas da saliva e dão a sensação de língua áspera, como uma lixa. Parecem também amarrar a boca, situação idêntica à que acontece quando se come uma banana ou caqui verde. É confundido com o gosto amargo, sendo semelhante a ele na sua interação com a comida. Alguns acham que é a sensação provocada por um vinho muito seco, pois taninos verdes podem deixar a boca seca ou transmitir essa impressão.

Alimentos grelhados ou tostados costumam se dar bem com o amargor dos tintos. Por exemplo, um steak grelhado no carvão pode fazer frente a um robusto e tânico Cabernet Sauvignon. É o jeito formal de se dizer: "Beba vinho tinto com carne vermelha". Os taninos duros e adstringentes são domados por uma carne malpassada, que é rica em gordura e proteína, e por muitos tipos de queijo, que apresentam essas mesmas características.

No entanto, se você servir um vinho tânico com um prato com pouca ou nenhuma proteína (por exemplo, uma entrada vegetariana), os taninos podem reagir quimicamente com a proteína disponível (na sua língua e no interior da bochecha) e dar a impressão de ser ainda mais tânico. Regra que não requer nenhum paladar muito apurado. Basta comer um pedaço de peixe oleoso com tinto tânico para provocar um gosto metálico, a ingrata sensação de "lamber uma moeda". Vinhos tintos com menos tanino e mais acidez, como um Pinot Noir, enfrentam melhor essa situação.

MADEIRA

Existem muitos bons vinhos, especialmente brancos, que não fazem estágio em barricas de carvalho. Mas nenhum grande vinho dispensa a passagem pela madeira. Os aromas de baunilha e de coco, que se pode encontrar em muitos Chardonnay, e o de tabaco ou de chocolate, presentes nos Cabernet Sauvignon, não derivam das uvas; muitos aromas que associamos a nossos vinhos preferidos advêm, normalmente, do período em que estiveram em contato com o carvalho, especialmente quando novo.

Também aqui tudo vai depender da qualidade da madeira e do equilíbrio com a fruta. O uso de barricas de procedência duvidosa, sem higienização apropriada, ou a permanência excessiva do líquido em contato com a madeira certamente será prejudicial ao vinho. A comida amplia o sabor de carvalho, tornando tal aroma mais evidente, o que dá a sensação de se estar tomando um suco de madeira.

Se a vinificação foi feita com cuidado e capricho, a história é outra. Os aromas dos vinhos amadeirados – que lembram o tostado, o defumado, o caramelado, entre outros – harmonizam-se com pratos que utilizam técnicas culinárias que adicionem aos ingredientes aromas semelhantes, como grelhados, defumados, caramelizados.

É bom lembrar ainda que vinhos equilibrados, com pouco ou nenhum carvalho, mostram flexibilidade à mesa, acomodando-se com diferentes receitas e métodos de cocção. Um Chardonnay sem madeira combina com pratos que vão de um simples filé de peixe cozido até um picadinho de vitela servido com limão, alcaparra e alho. Já uma versão de Chardonnay com carvalho seria mais conveniente, por exemplo, com um peixe mais gordo, com molho untuoso. Pode-se jogar com essa textura para complementar um sedoso Chardonnay amadeirado com um prato acompanhado de um molho cremoso ou à base de manteiga. Também um Merlot amaciado fica sublime quando servido com ossobuco cozido lentamente ou qualquer outro prato de carne elaborado com lenta cocção.

ÁLCOOL

É o álcool produzido na fermentação que distingue o vinho do suco de uva. Também é um dos principais determinantes do corpo e do peso de um vinho. De modo geral, quanto maior o teor alcoólico do vinho, mais encorpado ele parecerá. Atualmente, em especial nas regiões quentes do Novo Mundo, como Chile, Argentina e Austrália, encontramos vinhos com teor alcoólico bastante elevado, chegando a 14,5% ou até a 15% de álcool por volume. Já o Velho Mundo, normalmente, busca vinhos com menos força e mais elegância. De qualquer modo, o que importa sempre é o equilíbrio entre álcool e fruta.

Um vinho com teor alcoólico elevado pode apresentar na boca uma sensação de calor e, às vezes, um sabor doce. Diferente da doçura dos açúcares, sentida mais intensamente na ponta da língua, a doçura deixada pelo álcool pode ser percebida em toda a superfície da língua.

Mas, da mesma maneira que o aumento do conteúdo de gordura de um prato torna-o mais substancioso, a elevação do teor alcoólico do vinho aumenta a percepção da densidade e da textura. Essa é uma regra um tanto intuitiva. Não se deve sufocar um suave Pinot Noir com um pesado cozido de carne (ragu) ou, tampouco, um simples e leve filé de linguado com um Chardonnay envelhecido em carvalho, untuoso, que sobrepujaria o peixe. Tente sempre equiparar o peso/corpo do vinho ao do prato servido.

Um vinho tinto medianamente encorpado, do tipo Merlot, combinará com um prato de igual peso, como um frango assado; assim como um risoto aromático com lagosta e creme de leite pode ser servido com um também rico e acarvalhado Chardonnay. Conforme o teor alcoólico do vinho aumenta, as opções de prato para harmonizar diminuem.

A nossa percepção de álcool no vinho é aumentada pela comida, especialmente pelo sal e pelos condimentos. Um encorpado e alcoólico vinho, quando servido com pratos condimentados, pode provocar a sensação semelhante à de colocar gasolina em uma chama de fogo. Excesso de sal também provoca um efeito idêntico. Em termos gerais, vinhos medianamente encorpados (álcool entre 11,5% e 13% vol.) ou até mesmo vinhos mais leves são mais fáceis de se harmonizarem com comida.

Chaves para entender a comida

O que vem primeiro, a comida ou o vinho? Essa questão, assim como o dilema do ovo e da galinha, pode nos deixar andando em círculos, pois a sinergia entre a comida e o vinho torna impossível a escolha de cada um isoladamente. Mas assim como falamos dos elementos essenciais do vinho, vamos ver como a comida pode afetar a degustação de um bom vinho. Nos capítulos anteriores, procuramos definir a afinidade de um vinho por uma determinada receita; agora, é necessário entender o prato.

Os componentes e a textura dos alimentos, bem como as diferentes técnicas culinárias, contribuem para o sabor final do alimento. A regra é a mesma que utilizamos para o vinho. Para compreender o todo, vamos analisar três elementos básicos da comida.

Ingredientes de um prato

Quando se descreve uma receita, a primeira coisa a fazer é fornecer a lista de ingredientes. Uma entrada pode requerer folhas verdes, tomates, palmito, peixes defumados, como salmão, frutos do mar, queijos. No primeiro prato, há massas, frescas ou secas, arroz, polenta e assim por diante. Para o prato principal, há uma infinidade de alternativas, entre as quais carnes de vitela, de aves, de vaca, de porco, de coelho, de caça.

Cada um desses ingredientes tem componentes essenciais, em que podem predominar a acidez, a doçura, o salgado ou o amargor. A laranja, o limão, o abacaxi, a carambola, a acerola, a maçã e o tomate são sabidamente ácidos. Leite e ovos são neutros do ponto de vista da acidez. O caju mescla acidez com doçura. O morango maduro, assim como a alcachofra, passa uma sensação de doçura à boca. Endívia e rúcula apresentam amargor natural. Azeitonas em conserva tendem a ser salgadas. O alho é pungente.

Nos alimentos, de modo geral, acidez, doçura, sal e amargor são, por assim dizer, os detalhes. O eixo básico é formado pelo peso e pela intensidade. Peixes como a pescada branca podem ser leves e de sabor delicado. Já uma anchova tem mais gordura e sabor marcante. As massas frescas têm peso de leve a médio. A massa fresca e recheada com queijo gorgonzola, por exemplo, é mais encorpada. Frango é ave de sabor mediano. Pato tem sabor bem mais acentuado. Coelho criado em cativeiro tem carne leve. Lebre selvagem tem carne com sabor forte. No reino bovino, cada corte é um capítulo à parte. Lagarto e alcatra são menos gordurosos, menos untuosos. A picanha e o contrafilé são suculentos. O filé-mignon é neutro, meio sem graça. Uma rabada é, sem dúvida, substanciosa.

Conhecer os ingredientes é um indicativo importante, embora não o único, como veremos a seguir, para combinar pratos e vinhos. Nunca se deve esquecer que um prato é formado por um conjunto de ingredientes, que se completam ou se opõem, e que seu sabor é reforçado, ou atenuado, por temperos e molhos. Mas quem conhece os ingredientes tem meio caminho andado para escolher o vinho adequado. Isso corresponde a dizer "carne vermelha com vinho tinto" e "carne branca com vinho branco", certo? Já vimos que isso tem sua razão de ser, mas não totalmente.

Na harmonização vinho/comida, o prato normalmente é o fator principal. O vinho mais indicado para acompanhar um linguado seria o extremo oposto do que se escolheria para acompanhar um pernil de carneiro. Há peixes de sabor mais forte (sardinha, cavala, anchova e atum) e outros mais neutros (linguado e truta). Carnes brancas (porco e vitela) possuem uma personalidade bem diferente, normalmente atuando como a carne de frango (de caráter quase neutro), sendo mais influenciadas pelo suporte dos outros ingredientes que compõem o prato. Aves também variam do neutro (frango) ao pungente (codorna). Ainda existem outras categorias, como miúdos (pâncreas, fígado e rins), vegetais, grãos e legumes. Tudo isso deve ser levado em conta na hora de escolher o vinho.

Há uma lista de ingredientes que podem guiar a harmonização vinho/comida. Normalmente, há os chamados "ingredientes pontes" ou "links com vinhos", que permitem que se faça mágica na cozinha. Na tabela apresentada no fim deste capítulo, observe esses ingredientes e seus efeitos.

Métodos de cocção

A forma de preparação dos ingredientes também tem um papel significativo. Marinadas complexas podem transformar o sabor do ingrediente principal, originando novos ou diferentes sabores. E o método de cocção pode sobrepujar tudo.

Algumas técnicas de cocção, como cozinhar no vapor ou ferver, aportam o mínimo de sabor e são conhecidas como de baixo impacto. Outras, como defumar, grelhar e tostar, são dominantes, técnicas de alto impacto, que podem transformar o sabor dos alimentos. Defumar pode agregar doçura e elementos de fumaça. Grelhar pode trazer amargor, leve sabor acre e crosta externa. Saltear (cocção em que se evita que o alimento perca seu líquido) é quase neutro: pode trazer leve doçura, mas os sabores finais são mais fiéis aos ingredientes. Fritura adiciona traços de doçura e uma textura instigante. Brasear (cozinhar o alimento com um pouco de caldo em recipiente fechado) e assar são métodos de médio impacto.

Uma boa maneira de constatar essas diferenças é preparar três filés de peito de frango com três métodos diferentes de cocção: um no vapor, outro assado e o último grelhado. Experimente com vinhos diferentes e note que a preferência pelo vinho muda de acordo com o método de cocção.

Molhos e condimentos

O molho pode ser comparado a uma carta alta do baralho: quase sempre dá o tom final ao prato e determina a escolha do vinho. Com diferentes personalidades, os molhos podem ser frios, em temperatura ambiente ou quentes. Podem ser vinagretes, salsas, chutneys ou reduções; podem conter ervas, especiarias, frutas ou qualquer combinação entre elas. Alguns contêm creme ou manteiga, outros são à base de caldos, de infusões ou de vinho. Outros possuem textura macia ou são ásperos e granulados. De qualquer forma, os molhos querem comandar o *show*.

Todo molho deve ser analisado e decomposto até seus ingredientes básicos, o que permite chegar a uma escolha informal sobre o vinho adequado. Por exemplo, molho cítrico ou baseado em vinagretes possui o elemento comum da acidez. Em vez de tentar achar o vinho que combine com todos os ingredientes do prato, é mais correto achar um que combine com a acidez do prato, que é sua personalidade básica. Em chutneys, a doçura pode dominar, enquanto no harissa* ou em qualquer outro molho baseado em pimentas, a característica dominante, e que guiará a harmonização, será o picante.

A textura do molho também pode servir de guia à harmonização. Um molho baseado em creme ou manteiga, que é aveludado e de textura rica, pode, assim como as emulsões – maionese e aïoli –,** combinar melhor com os igualmente ricos e aveludados Chardonnay, Pinot Gris e Viognier. Para demonstrar esses princípios, vale a experiência do peito de frango. Só que agora, os três pedaços devem ser salteados e servidos com três molhos bem diferentes: salgado (à base de shoyu), doce (chutney de fruta) e apimentado (salsa picante). Em seguida, devem ser prova-

* Molho africano à base de pimentão vermelho, pimenta, coentro e menta.
** Maionese de alho.

dos com a sequência de vinhos. Conforme se fazem as permutações, ficará nítido o impacto que o molho pode causar.

Viagens globais, experiências gastronômicas e sabores muito ousados, aliados à grande disponibilidade de ingredientes frescos do mundo todo, mostram-nos que vivemos numa época gastronômica intrigante. Frequentemente, os menus de restaurantes assustam. Não só se recorre a um cansativo cardápio descritivo, mas também os pratos são servidos com mais de quatro acompanhamentos, itens com personalidade tão forte quanto o ingrediente principal. Quando pretender uma refeição mais elaborada, lembre-se de que os acompanhamentos e os condimentos podem, assim como o molho, influenciar a escolha do vinho, mais até que o ingrediente principal ou o modo de preparo.

Tabela de ingredientes

Alho e cebola (cozidos lentamente)	Acrescentam cremosidade e arredondam o prato. Quando assados, acrescentam doçura e, quando caramelizados, trazem, além da doçura, um toque defumado. Vão bem com vinhos com carvalho. Ajudam a harmonização de vinhos e comidas com mais peso e textura. Vão bem com alguns vinhos com notas terrosas, como os de estilo clássico europeu.
Azeitonas	Azeitonas verdes possuem afinidade com vinhos brancos, especialmente com o Sauvignon Blanc, o Pinot Gris e o Chardonnay sem madeira. Azeitonas pretas possuem afinidade com vinhos tintos, especialmente com o Merlot, o Cabernet Sauvignon e o Syrah. Azeitonas curadas com ervas e pimentas podem adicionar elementos para a harmonização. As azeitonas em conservas muito ácidas (vinagre) devem ser evitadas na harmonização com vinhos.

(cont.)

Carnes curadas: presunto, bacon, pancetta*	Quando usadas em prato que normalmente requer vinho branco (peixe, vitela, porco), podem sugerir um vinho tinto. Peixe envolto em prosciutto** ou camarões com bacon, por exemplo, vão bem com tintos ou rosados leves e jovens.
Queijo e outros laticínios	Acrescentam textura e riqueza ao prato e podem atuar como ponte entre saladas ou vegetais e vinhos brancos ácidos. Use porções pequenas de queijo de cabra, feta ou gorgonzola.
Ervas frescas ou secas	Com fragrância mais sutil (endro e estragão), combinam melhor com Riesling e Chardonnay. As mais pungentes (manjericão, tomilho e alecrim) vão bem com Sauvignon Blanc e com muitos tintos, especialmente Merlot e Cabernet Sauvignon.
Lentilha, feijão e outros legumes	Podem combinar muito bem com vinhos brancos se preparados com ervas. Preparados com carne (bacon, presunto, pancetta, linguiças), tendem para o vinho tinto. Podem proporcionar uma boa impressão final em vinhos brancos encorpados, caso do feijão-branco, e permitir que peixes combinem tanto com vinhos brancos como com tintos.
Cogumelos	Adicionam notas terrosas ao prato e possuem afinidade natural com vinhos terrosos. Os mais escuros (especialmente os reidratados) fazem com que qualquer prato fique harmonizável com vinho tinto. Os mais claros, cremosos e com textura (shitake, chanterelles, paris) ajudam os pratos a combinar com vinhos brancos, especialmente aqueles com mais textura (Chardonnay com carvalho e Sauvignon Blanc).
Nozes e amêndoas	Quando tostadas, acrescentam ao prato notas amendoadas, as mesmas encontradas em vinhos com passagem por carvalho. Quando utilizadas com as cascas (amêndoas, avelãs), possuem um leve amargor que pode amenizar a percepção de taninos amargos nos vinhos tintos ou nos brancos com muito carvalho. Quando utilizadas na forma de pó, tornam o prato mais harmonizável com o vinho e favorecem os com pouco carvalho.

* Manta da barriga do porco.

** Presunto cru do tipo Parma.

Métodos de compatibilização

Depois de conhecer os elementos que podem estabelecer vínculos importantes entre pratos e vinhos, de analisar os componentes de um e de outro e de entrar no universo das texturas, é hora de usar todas essas chaves para pensar na compatibilização propriamente dita. Aqui também vale o mesmo: não se deixe levar por regras fixas, que você segue por ouvir dizer, sem saber o que significam. Lembre-se de que uma refeição completa, feita de comida e vinho, deve, antes de tudo, proporcionar prazer.

Não abra mão de seu gosto pessoal, apenas use o bom senso. Mas também não queira bancar o rebelde sem causa, que rejeita tudo o que é estabelecido. Afinal, séculos de civilização não podem ser menosprezados sem mais nem menos. A sabedoria à mesa nos sugere, por exemplo, que as comidas regionais ficam mais à vontade com os vinhos locais. Não por acaso se diz que o coq au vin* acomoda-se

* Prato típico da culinária francesa feito à base de carne de frango e vinho tinto.

perfeitamente com um tinto da Borgonha – eles nasceram juntos. Da mesma maneira, na Alsácia francesa, os brancos locais, marcados pela acidez e pela mineralidade, parecem ideais para uma especialidade regional, os salsichões com batata e chucrute. No sul da Itália, impossível não gostar da cassata siciliana* com os brancos de sobremesa Malvasia delle Lipari ou Passito di Pantelleria.

Nas comidas que nos são mais familiares, os princípios da harmonização também podem ser aplicados. Os métodos é que podem variar. Há casos em que o vinho complementa o sabor ou a textura de um prato. Em outras situações, uma boa alternativa é optar pelo choque entre eles, pois as discordâncias, às vezes, ressaltam melhor as virtudes de um ou outro. No primeiro caso, dizemos que a harmonização se faz por semelhança; no segundo, por contraste. Às vezes, a mesma receita admite as duas possibilidades, dependendo de algum detalhe a destacar. Vamos ver tudo isso a seguir.

Semelhança

Na vida real, muitos bons casamentos são a soma das qualidades do casal. Na gastronomia, da mesma maneira, as parcerias por semelhança formam as combinações mais frequentes. Os componentes da receita se completam com os do vinho, há uma continuidade de aromas ou de sabor entre eles. Ambos apresentam elementos da mesma família. Têm peso, acidez ou doçura que se equilibram. Pense num prato de frutos do mar com molho rico, algo como

* Sobremesa feita à base de bolo, ricota e frutas. É servida gelada.

vieiras ao molho de leite de coco e pimentão. O molusco tem sabor intenso, meio adocicado, componente acentuado pelo leite de coco. Já o pimentão dá ao molho um tom picante e aromático. Que vinho escolher? Há várias alternativas. Por afinidade, iria bem um branco feito com a uva Gewürztraminer – vinho peculiar por ser seco, mas parecer adocicado na boca, além de bastante perfumado, como o molho.

Um pernil de cordeiro guarnecido, digamos, de um molho de vegetais, com redução de vinho e temperos como tomilho, tem vários elementos fortes, tanto a própria carne quanto o molho. É companhia perfeita para um tinto potente, bem estruturado e rico em madeira, cujos taninos vão ao paraíso com tanta proteína. Vamos ver uma receita que não seja de carne. Que vinho combina com nhoque verde com molho de gorgonzola e nozes? Aposte em um branco Chardonnay com madeira, mas também com boa acidez. O queijo confere peso ao prato e sugere um vinho mais estruturado. O Chardonnay amadeirado segura a força dos acompanhamentos, lembrando ainda o lácteo do gorgonzola. Além disso, sua passagem pelo carvalho pode proporcionar bom jogo aromático para as nozes, o outro integrante do molho.

AFINIDADES CONSAGRADAS

Algumas parcerias, por similaridade, são consideradas clássicas. Elas vêm sendo testadas há centenas de anos por pessoas com paladar refinado. E sempre fazem sucesso. Estão nessa lista: cordeiro assado com Cabernet Sauvignon, ostras com o branco francês Chablis, queijo de cabra com Sauvignon Blanc.

Há, ainda, casamentos que exprimem o estilo de uma região, pratos locais com vinhos locais. No sudoeste da França, é conhecida a parceria entre o cassoulet* e os robustos tintos de Cahors e Madiran. Os delicados rosés das regiões espanholas de Valência e La Mancha nasceram juntamente com o gazpacho.** Na Itália, o brasatto al Barolo*** já deixa clara, desde o nome, a ligação entre o prato substancioso e o poderoso tinto Piemontês.

Contraste

O equilíbrio não é alcançado apenas entre semelhantes. Os extremos também podem fazer ótima parceria. Salgado com doce, untuosidade com acidez e assim por diante. É o que chamamos de harmonização por contraste. A literatura gastronômica aponta muitos casos de casamentos bem-sucedidos entre comidas e vinhos que, aparentemente, nada têm a ver entre si. É o caso do foie gras com o branco doce Sauternes, uma dobradinha francesa. O fígado de ganso ou de pato, untuoso e salgado, faz magnífica combinação com o doce do vinho, que, por ter ainda boa acidez, rebate a gordura do alimento.

Outro feliz casamento é o do vinho do Porto Vintage com queijos de mofo azul, como o gorgonzola, o roquefort ou o britânico stilton. O vinho tem personalidade para enfrentar alimentos de sabor forte. Sua doçura equilibra agradavelmente o salgado dos queijos, enquanto a acidez e o

* Espécie de feijoada feita com feijão-branco e carnes diversas.
** Sopa fria, à base de tomate e alho.
*** Carne cozida em vinho.

frescor limpam o palato após a ingestão da generosa dose de gordura.

Aplique o mesmo princípio no dia a dia. Um branco seco, com boa acidez, levanta o sabor de um simples peixe grelhado, como se fosse uma gota de limão. Uma receita bem brasileira, como a mineira canjiquinha com costelinha de porco, cresce com um branco feito com a uva Riesling, em que encontramos acidez e mineralidade. A canjiquinha vem do milho, elemento rústico, sem muita expressão aromática, enquanto a fritura pode acentuar a gordura da carne. Pensando pelos extremos, você pode perfeitamente escalar um Riesling, que vai dar uma força aos aromas e contrabalançar a rusticidade.

TINTOS JOVENS SÃO REFRESCANTES

Um prato de carne com molho untuoso poderia se acomodar com um tinto mais velho, já amaciado pelo tempo. Experimente, porém, um tinto jovem, com taninos firmes, acidez à flor da pele e boa gradação alcoólica. O contraste pode ser interessante para quebrar a gordura da comida e refrescar o palato. Afinal, a gordura se dissolve em meio alcoólico. Alguém falou em feijoada?

NEM SEMPRE OS CONTRÁRIOS SE ATRAEM

Na gastronomia, diferentemente da física, alguns opostos se repelem. Um vinho doce faz gostosa companhia a certas comidas salgadas. Já um tinto dificilmente se comporta bem diante de sobremesas. O doce do prato parece acentuar o amargor do vinho. Como toda regra tem exceções, os grandes tintos ficam muito confortáveis na companhia de molhos agridoces, como aquelas guarnições à base de frutas que acompanham um magret de canard.

Escala de sabores

Quando se vai escolher um vinho para determinado prato ou quando se tenta decidir pela comida que melhor combine com o vinho que se tem em mente, o importante é fazer a identificação dos componentes de ambos. Se o meio de campo ficar embaralhado ou houver excesso de informações a levar em conta, vá direto ao ponto: determine o elemento-chave. Pode ser a acidez, o peso, a textura ou o molho.

Fique tranquilo se a tarefa parecer complexa. Lembre-se: não há mesmo regras fixas. Use o bom senso e a experiência dos que estudam a enogastronomia há muito mais tempo. Mesmo entre os especialistas não há unanimidade. Os ingleses, por exemplo, acham que o importante é o gosto pessoal. Os franceses são mais conservadores, seguem as combinações clássicas – dificilmente vão servir peixe com vinho tinto.

Aliás, na gastronomia, como em todos os outros campos, os franceses são cartesianos, seguem a lógica de pensamento inspirada por René Descartes (1596-1650). Para eles, uma boa refeição resulta de uma mesa bem apresentada, com todas as coisas em seu devido lugar, uma harmonia de formas e de cores, onde nada fica ao acaso, dos talheres aos copos.

Facas à direita do prato, garfos à esquerda, na ordem em que serão utilizados. Nada mais claro. Para as taças, o princípio é o mesmo. Elas são colocadas em ordem, da esquerda para a direita – primeiro o vinho branco; depois, o tinto; por último, água. A refeição começa com as entradas ou com um peixe e, portanto, o primeiro vinho a ser servido será o branco. A seguir, chegam as carnes e, com elas, bebe-se vinho tinto.

Não há mistério, o serviço decorre naturalmente da sequência normal do almoço ou do jantar. Ninguém serve a sobremesa antes das entradas. A intenção de todo cardápio é despertar aos poucos as papilas gustativas com estímulos diferentes e não sufocá-las com a primeira garfada. Por isso, o cardápio clássico prevê pelo menos uma entrada, prato principal e sobremesa. Em paralelo, os vinhos devem seguir o mesmo caminho.

Segundo os franceses, há apenas quatro regras a serem seguidas: ordem, equilíbrio, harmonia e surpresa. A ordem, porque a refeição é quase uma cerimônia, um ritual adotado há muitas gerações, que não se deve romper. O equilíbrio é aquele entre o salgado e o doce, entre os diferentes tipos de alimento, entre o que é leve e o que custa mais a se digerir. A harmonia é uma questão de educação e cultura. Os pratos devem se valorizar mutuamente, bem como os vinhos. Por fim, é preciso surpreender os convidados com pequenas originalidades.

Mais práticos, os italianos aperfeiçoaram uma espécie de gráfico que leva em conta a estrutura dos alimentos e dos vinhos, sua intensidade e todas as possibilidades de combiná-los. A técnica foi desenvolvida pela Associação Italiana de Sommeliers e por Pietro Mercadini – que deu nome ao método.

MÉTODO DE MERCADINI

O prático sistema de Mercadini considera as principais características encontradas nos alimentos e nos vinhos, tais como seus componentes aromáticos e gustativos. A comida pode ser gordurosa, suculenta, untuosa, aromática, especiada, ter tendência ao amargor, ao doce ou à acidez. O vinho, por sua vez, pode ser marcado pela acidez, efervescência, tanicidade, álcool, maciez, perfume ou aroma. Cada um desses elementos recebe uma pontuação, de 1 a 10, de acordo com sua intensidade. O método de Mercadini é bem visualizado em um esquema de círculos concêntricos, cortados por linhas que formam figuras geométricas (Figura 2). Os pontos em que elas se cruzam constituem as possibilidades de harmonização entre pratos e vinhos, por afinidade ou contraste.

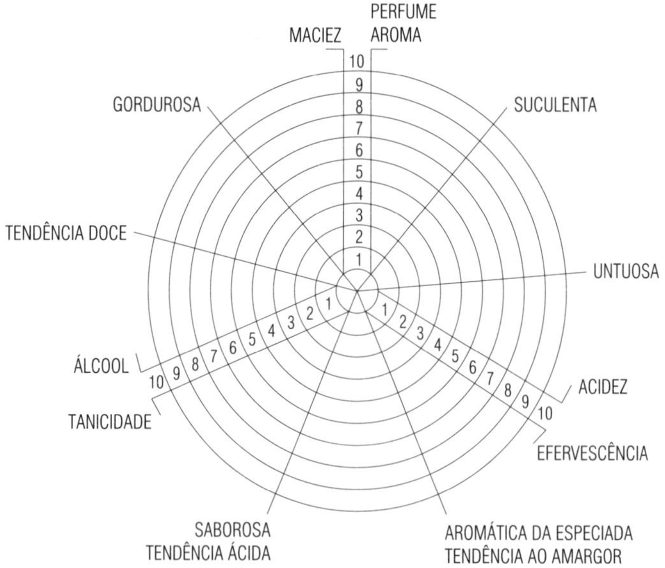

FIGURA 2. Esquema do método de Mercadini.

Sensações predominantes na comida	Características predominantes do vinho
gordurosa ou de tendência doce	acidez ou efervescência
saborosa, aromática, especiada, amarga ou de tendência ácida	maciez, perfume ou aroma
untuosa, suculenta	álcool ou tanicidade

Casamentos difíceis

Entre vinho e comida, também há incompatibilidade de gênios. Alguns ingredientes, ainda que deliciosos sozinhos, são ingratos para o vinho. Alteram o gosto da bebida ou deixam na boca sensações desagradáveis. Quando pensar em um cardápio para a refeição, preste atenção a esses elementos. Às vezes, não é preciso ser radical. Em muitos casos, a escolha de um vinho mais adequado ajuda a melhorar o casamento. Outras vezes, a alternativa é utilizá-los na receita com parcimônia. Mas, de modo geral, não é recomendável escalar um grande vinho para a refeição. Nesses casos, vale mais lançar mão de um bom e correto vinho corrente.

Alcachofra	Confere um gosto adocicado à bebida. Solução: Para amenizar isso, tente um branco jovem com acidez elevada, como o Sauvignon Blanc.
Aspargo	Em alguns casos, metaliza o gosto do vinho. Solução: A alternativa é o Sauvignon Blanc ou um tinto leve.

(cont.)

Vinagre	Saladas com muito vinagre não combinam com vinho. Segundo os puristas, saladas avinagradas deveriam ser acompanhadas por uma única bebida, a água! Solução: Sem radicalizar, para temperar saladas, o melhor seriam algumas gotas de limão, sal e azeite de oliva. Aí cabe um branco leve, com boa acidez, ou algo no estilo dos Riesling alemães e alsacianos.
Alcaparra	O problema maior não são as bolotinhas, mas, sim, o vinagre em que elas ficam mergulhadas. Solução: Devem ser usadas em pequenas quantidades para não dominar o sabor do prato.
Ovo	Especialmente com gema dura, que forma uma pasta sobre a língua, dificultando a percepção de outros sabores. Solução: A saída é prepará-lo com algum molho ou ingrediente mais adequado ao vinho.
Chocolate	São muito doces e afogam as papilas da língua em gordura. É difícil um vinho sobreviver nessas condições. Solução: Harmonizações possíveis se dão com o Banyuls francês e com o Porto Vintage. Em preparações em que o chocolate não domina sozinho e é misturado a outros ingredientes, o Madeira ou um Porto Tawny 10 Anos podem ser uma boa opção.

Vinho na panela

Versátil e nutritivo, o mesmo vinho que proporciona prazer no copo é importante ingrediente de muitas receitas salgadas ou doces. O leque é extenso, envolvendo brancos, tintos e rosés, nas versões seco, meio-seco ou doce. O vinho participa de muitas etapas da preparação de um prato. Na vinha d'alhos, ajuda a marinar, temperar, tornar mais úmidos e dar sabor a peixes, aves e carnes de diferentes animais. Compõe a base de molhos e consommés. Pode ser usado para hidratar carnes levadas ao forno. É elemento de destaque em sobremesas conhecidas, como o bolo inglês ou o italiano zabaione, cuja receita clássica leva açúcar, gema de ovos e uma dose de vinho Marsala.

Muitas regiões produtoras têm sua receita com o vinho local. O tinto da Borgonha francesa dá vida ao coq au vin. Na Catalunha espanhola, os tintos de Tempranillo são escalados para enriquecer um coelho ao vinho e ervas.

No entanto, é preciso alguns cuidados quando o vinho vai à panela. Dois de seus componentes, o álcool e a acidez, exigem atenção. Vamos ver o que acontece com ambos. O álcool é eliminado facilmente com a evaporação, que ocorre a 78 ºC. Ao sumir na fumaça, parece querer deixar sua marca: expõe a acidez natural da bebida. Sendo assim, não se deve abusar do vinho na receita, pois a acidez ficará evidenciada.

Uma dica prática é usar apenas panelas de aço inox ou esmaltadas. Panelas de alumínio, cobre ou ferro, por mais bonitas que sejam, reagem com a acidez da bebida e transmitem um sabor metálico à comida. Outro conselho de quem tem experiência: quando se usam panelas pequenas ou fogo alto, o vinho pode queimar. Mais uma recomendação, desta vez para aqueles que acham um absurdo gastar com uma bebida que ninguém vai ver. Na cozinha, não use vinhos baratos e sem qualidade. Não é preciso despejar um grand cru na panela, mas utilizar no mínimo um branco ou tinto correto. Nada de vinho oxidado ou avinagrado. Ao passar pelo fogo, os sabores do vinho são concentrados, o que exacerba também os elementos desagradáveis.

Alguns puristas dizem que o mesmo vinho destinado ao copo deveria ir à panela. Não precisamos ser tão radicais. O Chambertin, caro e maravilhoso tinto da Borgonha, é perfeito para uma refeição na qual o prato de resistência seja um coq au vin. Poucos teriam condições de destinar uma garrafa dessas para engrossar o molho. Por outro lado, se a receita pede a inclusão de um branco ou tinto, a boa prática sugere que o mesmo tipo de vinho, ainda que de melhor qualidade, seja servido durante a refeição.

Os tintos e brancos podem ser aproveitados na culinária de diferentes formas. Mas, analisando seu papel na cozinha, vamos observar que o vinho é utilizado basicamente de duas maneiras: para cozinhar, como integrante da receita; ou na preparação dos alimentos, para marinar ou macerar. Cada um desses usos tem suas técnicas e peculiaridades.

Cozinhar

As duas formas mais comuns de se cozinhar com vinho têm como objetivo dar sabor aos molhos ou usar a bebida para a cocção dos alimentos.

- Como componente de sabor ao molho:
  - beurre blanc (manteiga, vinho branco e vinagre);
  - beurre rouge (manteiga, vinho tinto, cebola, sal e pimenta).
- Como líquido utilizado para cocção:
  - coq au vin (frango cozido em vinho tinto);
  - boeuf bourguignon (carne bovina, geralmente músculo, cozida em vinho tinto).

Um simples, mas saboroso vinho será adequado para um boeuf en daube;* não há necessidade de utilizar um Cabernet Sauvignon que custa 100 reais.

Dois princípios são importantes ao cozinhar com vinho:

- se cozinhar com vinho mais seco ou mais doce, o açúcar residual interferirá no resultado do prato; essa doçura pode ou não ser desejada;
- muito carvalho e muito tanino acrescentarão uma nota perceptível de amargor; devem ser evitados tintos poderosos ou brancos muito amadeirados.

* Carne com muitas horas de cocção, preparada com vinho tinto.

Marinar e macerar

Essas duas formas usam tintos ou brancos na preparação da comida, sem cozinhar. Nos dois casos, a bebida é empregada para amaciar ou dar mais sabor aos alimentos. Nas marinadas, os ingredientes passam algum tempo no vinho e, então, são retirados e cozidos. Na maceração, os ingredientes passam algum tempo no vinho e são, geralmente, servidos com o líquido da maceração.

Marinar é uma técnica maravilhosa, que resulta em uma grande complexidade de sabores. Normalmente usadas para carnes vermelhas, mas também em peixes e aves, as marinadas proporcionam novas camadas de sabor enquanto amaciam e melhoram a textura do alimento. Os ácidos presentes no vinho quebram a rigidez da carne; então, quanto mais ácido o vinho, mais forte e efetiva será a marinada.

Também na maceração, a qualidade do vinho surtirá efeito no resultado final. Os dois exemplos mais populares de maceração com vinho são a sangria e frutas frescas e secas maceradas em vinho. Um saboroso e frutado tinto pode fazer uma boa base para laranjas, limões e outros ingredientes da sangria. Igualmente, fazem boa figura pêssegos banhados em um belo exemplar de Moscato d'Asti.

Resumo do essencial

Os capítulos anteriores contêm muitas informações. Para facilitar sua rápida revisão, preparamos esse resumo dos pontos essenciais da harmonização comida/vinho, com mais algumas dicas.

Vinho ácido	Escolha pratos que sejam ricos, cremosos, gordurosos ou salgados para contrabalançar.
	Combine a acidez da comida com o vinho.
	Use o vinho para equilibrar o calor das especiarias.
Vinho doce	Ao servir vinho com sobremesa, certifique-se de que a sobremesa seja menos doce que o vinho; caso contrário, o vinho parecerá sem graça.
	Se o vinho não for muito doce (perto de meio-seco), tente servi-lo com pratos levemente doces ou pratos com toque de especiarias ou pimenta.
	Tente combinar o vinho com pratos levemente salgados; você pode encontrar boas combinações, especialmente com queijos e cozinhas de estilo tropical.

(cont.)

Vinho alcoólico	Certifique-se de que o prato servido também seja igualmente pesado e rico em personalidade, ou o vinho poderá ofuscá-lo. Não sirva o vinho com pratos apimentados ou com especiarias. Lembre-se de que a comida já faz com que o vinho pareça mais quente. Evite excesso de sal, que irá amplificar a percepção do calor/álcool.
Vinho tânico	Sirva os taninos com pratos ricos em proteína, gordura ou ambos. Lembre-se de que entradas pobres em proteína ou gordura podem provocar a sensação de o vinho ser ainda mais tânico. Lembre-se de que tanino e especiarias não combinam. Use pimenta-do-reino, branca ou preta, para contrabalançar, já que são naturalmente amargas. Utilize ingredientes que sejam amargos (berinjela, abobrinha, brócolis, etc.).
Vinho com carvalho	Como os vinhos amadeirados sempre parecem mais encorpados com comida, acompanhe-os com receitas mais ousadas. Combine o toque amadeirado com ingredientes como nozes e especiarias doces, ou com técnicas de cocção (grelhar ou defumar). Lembre-se de que o envelhecimento em carvalho enriquece a textura do vinho e harmoniza bem com pratos e molhos igualmente ricos em textura.
Vinho tinto e envelhecido	Sirva o vinho com carnes malpassadas. Lembre-se de que como os taninos amaciam com o tempo, o tinto envelhecido é muito mais versátil que um tinto jovem e tânico.
Vinho branco e envelhecido	Tenha em mente que o vinho se torna mais delicado com o tempo; escolha preparações mais simples para que o vinho possa aparecer. Sirva o vinho com pratos de características aromáticas semelhantes (nozes, amêndoas e frutas secas). Compense a perda de acidez do vinho envelhecido com a acidez no prato: o sumo do limão ou um toque de vinagre.

(cont.)

Comida ácida	Sirva um vinho que, no mínimo, seja igualmente ácido. Evite vinhos tintos, exceção aos naturalmente mais ácidos (Sangiovese, Barbera, Pinot Noir, Gamay). Não descarte os rosados nem os espumantes como opções.
Comida levemente doce	Tenha certeza de que o vinho possua a mesma personalidade: escolha um vinho levemente doce, como um Chenin Blanc ou um Riesling. Se você realmente quiser um vinho seco, utilize um jovem e com muita fruta madura. Lembre-se de que, às vezes, um vinho com carvalho pode conter certa doçura que combine com o prato, porém o sucesso não é garantido.
Comida salgada	Escolha um vinho com baixo teor alcoólico, já que o calor é ampliado pelo sal. Combine com vinhos que tenham alguma doçura.
Comida apimentada ou com especiarias	Evite vinhos com muito carvalho ou tanino. Quanto mais especiarias tiver a comida, mais difícil será a harmonização. Escolha um vinho jovem, com baixo teor alcoólico, sem ou com o mínimo de carvalho e, se possível, com algum açúcar residual (para brancos e rosados). Quando usar vinhos tranquilos, dê preferência aos vinhos brancos e rosados meio-secos; espumante também combina bem. Quando estiver diante de pratos muito apimentados, como os preparados com chilli, os tailandeses, indianos ou coreanos, opte por cerveja ou bebidas à base de iogurte e sirva grande quantidade de arroz branco.
Comida amarga	Escolha vinho com componentes amargos (carvalho e taninos) para igualar as personalidades. Tente vinhos com alta acidez. Isso nem sempre funciona, mas, com certeza, fica melhor que com o extremo oposto.
Comida dominada por molhos ou condimentos fortes	Esqueça o ingrediente principal e harmonize o vinho com o molho ou com os condimentos.
Comida servida muito quente	Deixe o prato esfriar um pouco; caso contrário, o álcool dominará todo o paladar. Se for necessário que o prato venha à mesa muito quente, sirva o vinho ligeiramente resfriado.

VF
VILLA FRANCIONI
CHARDONNAY
VINHO BRANCO FINO SECO
2006

Vinhos brancos e comida

Neste capítulo, começamos a analisar como são os vinhos das variedades de uva encontradas no mercado e como podem ser seus diferentes estilos. Vamos partir dos brancos.

Até um passado recente, dizia-se que os vinhos brancos se destinavam ao aperitivo, aos peixes e frutos do mar, às entradas e às carnes brancas. Tudo isso é válido, mas hoje sabemos que as generalizações são restritivas e que a gastronomia moderna oferece grande abertura. Entre os brancos, tem-se uma variedade de castas com diferentes aromas e propriedades, que harmonizam com distintos pratos. Os estilos também são muito amplos.

De modo geral, os vinhos brancos tendem a ser mais leves e frescos que os tintos. Em alguns brancos, o enólogo quer privilegiar a fruta e o frescor e produz vinhos que não fazem estágio em barricas de carvalho. Um exemplo clássico é o Chablis, produzido na região francesa da Borgonha, tradicional parceiro de ostras frescas. Outros brancos passam pela madeira e permanecem em contato com as leveduras, o que lhes confere novos aromas, que somados aos de cada variedade de uva resultam, na boca, mais untuosos e com sabores mais intensos.

O carvalho, especialmente da maneira como é usado por produtores do Novo Mundo, aporta sabores que lembram baunilha, especiarias, coco ou defumado. Esses brancos amadurecidos nas barricas geralmente são rotulados como Reserva ou Gran Reserva e podem acompanhar carnes brancas condimentadas e molhos cremosos, pratos que um vinho branco varietal, muito leve e frutado, teria mais dificuldade de enfrentar. Alguns produtores exageram na madeira; isso fez renascer um movimento contrário: vinhos que buscam a tipicidade, o equilíbrio e a elegância.

De modo geral, podemos encontrar entre os vinhos brancos os secos, leves e com boa acidez, no estilo simples e refrescante; os secos, minerais, de corpo médio e bem feitos, como os Riesling; e os de aromas pungentes, tropicais, a exemplo dos Sauvignon Blanc. Há também os brancos de corpo médio e boa fruta, como alguns Chardonnay do Chile, Argentina, Brasil e África do Sul; os brancos aromáticos, produzidos com uvas perfumadas, como o Moscato, o Torrontés, o Gewürztraminer e o Viognier; e temos ainda os brancos maduros, untuosos, bem estruturados e de guarda, como os melhores de Borgonha, alguns do Douro, da Austrália, da Califórnia. O solo, o clima e a uva são as variantes que o enólogo leva em conta ao determinar o estilo de cada um desses vinhos. Como veremos a seguir, a mesma uva poderá resultar em diferentes brancos, o que aumenta as possibilidades de harmonização com a comida.

Chardonnay

Se há uma casta que brilha com luz própria entre as uvas brancas, é a Chardonnay. Seus estilos de vinho, de fácil aceitação, sejam os leves e frutados, sejam os mais untuosos, ornamentados pela sedutora influência do carvalho, são muito apreciados e admirados no mundo todo. A Chardonnay, em suas diferentes versões, é recomendada para uma infinidade de ingredientes e pratos. Vai dos peixes às aves, dos queijos a receitas mais condimentadas. Dependendo da vinificação, tem potencial para guarda, ao combinar concentração de fruta e acidez.

Quanto à cor, o Chardonnay mais jovem pode ser claro, cor de palha. Os exemplares mais velhos, amadurecidos na madeira, vão adquirindo tonalidades de amarelo que se intensificam com o tempo.

O clima também exerce sua influência. Vinhedos de zonas quentes costumam dar vinhos mais gordos, com aromas de maçã, de pêssego e de menor vivacidade. Vinhas plantadas em áreas mais frias, ou em altitudes elevadas, podem resultar em brancos mais frescos e com aromas cítricos e tropicais.

A Chardonnay se presta bem à fermentação em barricas de carvalho. A convivência com as leveduras lhe dá mais complexidade. Quando as uvas apresentam acidez elevada, o vinho, depois de passar pela fermentação alcoólica, pode ser levado a uma outra, a fermentação malolática, produzida por bactérias láticas que transformam o ácido málico, mais duro, em ácido lático, de sabor mais macio. Ao sofrer essa fermentação secundária, normalmente o branco incorpora notas lácteas.

ÁREAS DE CULTIVO

Os Chardonnay da Côte d'Or, na Borgonha, podem ser considerados como ponto de referência. Seus mais elegantes exemplares possuem uma vida longa e são muito complexos quando bem-feitos. Um bom Borgonha branco apresenta um mosaico de minerais terrosos, cítricos maduros, frutados de maçãs e peras, além de aromas mais complexos, como especiarias, tostados e diferentes níveis de amanteigados, que advêm da passagem pelas barricas de carvalho.

As regiões de Chablis (ao norte da Borgonha), Côte Chalonnaise e Côte Mâconnais (ambas ao sul) produzem Chardonnay com pouco ou nenhum carvalho e mais minerais, numa perfeita combinação de fruta e acidez. Os brancos dessas regiões geralmente possuem preço mais acessível.

Mas, na França, a Chardonnay não desponta apenas na Borgonha. Na região de Champagne, a uva proporciona a boa acidez frutada e cítrica, que é a espinha dorsal dos champanhes – e que também é utilizada em muitos outros espumantes do mundo, inclusive no Brasil.

Na Itália, a Chardonnay produz bons vinhos em diferentes regiões. Destacam-se o Friuli-Venezia Giulia e o Alto Adige, ao norte do país, que oferecem brancos limpos e refrescantes, leves, diretos e com boa acidez. Mas há bons Chardonnay até na ensolarada Sicília.

A Austrália está produzindo Chardonnay de grande qualidade e em vários estilos – do rico e acarvalhado do Hunter Valley, ao frutado com boa acidez do Clare Valley. O Chardonnay da Austrália era criticado pela estrutura pesada, com muito carvalho, semelhante aos brancos da Califórnia feitos com a mesma uva. Nas duas últimas décadas, entretanto, os enólogos australianos reduziram o estágio na madeira.

Na Nova Zelândia, os Chardonnay têm aromas de frutas tropicais, principalmente os das regiões de Gisborne e Auckland. É um estilo semelhante ao dos vinhos produzidos nas regiões de Stellenbosch e Paarl, na África do Sul. Nesses países, em vinícolas emergentes, a produção de Chardonnay vem melhorando a cada safra.

No Chile e na Argentina, os vinhos expressavam predominantemente uma personalidade que seguia o estilo australiano, puxados na madeira. Atualmente, têm aparecido exemplares mais sutis e elegantes. Na Argentina, muitos produtores plantaram vinhedos em terrenos mais elevados nas encostas da cordilheira dos Andes, como Tupungato e Vale do Uco, em Mendoza, onde a diferença de temperatura entre os dias quentes e as noites mais frias favorece o amadurecimento lento e completo das uvas. Os melhores vinhos provenientes dessas regiões oferecem tipicidade na fruta e finesse.

No Chile, resultados semelhantes são obtidos em vinhas situadas nos vales próximos ao Pacífico, a exemplo de Casablanca, San Antonio e Leyda, que sofrem a influência das brisas frias vindas do oceano. Nas zonas mais frias ou nas encostas, conseguem-se uvas com maior acidez e frutosidade.

AROMAS

Frutas	limão, maracujá, tangerina, pêssego, nectarina, pera, maçã, abacaxi, figo, goiaba, melão e banana
Flores	menta, tomilho e flores brancas
Minerais	pedras, pólvora, metal, cogumelos, giz e terra
Madeira (carvalho)	defumado, creme de leite, baunilha, caramelo, pão tostado, coco, avelã, amêndoa e nozes
Outros	pipoca, manteiga, caramelo, levedura e iogurte natural

FOCOS DE HARMONIZAÇÃO

Boa harmonização

- Com pratos com textura e aromas ricos – especialmente os Chardonnay de textura, como os envelhecidos em carvalho e/ou em suas borras.
- Para equilibrar o peso de pratos ricos – especialmente os Chardonnay sem carvalho e de clima frio, que têm boa acidez.
- Com a maioria dos frutos do mar encorpados, incluindo lagosta, pitu e camarão. Dê preferência aos vinhos sem carvalho quando servir mexilhões e ostras.
- Com manteiga, creme de leite, queijos derretidos ou com qualquer ingrediente que deixe a textura da comida mais espessa, como a polenta, por exemplo.
- Com especiarias que se assemelhem aos aromas aportados pelo carvalho, incluindo a noz-moscada, a canela e o gengibre em pó.
- Com variadas nozes ou receitas que as incorporem. Os aromas de variadas nozes estão presentes em muitos Chardonnay, principalmente nos mais envelhecidos.

- Com cogumelos brancos mais neutros (como paris e chanterelles), especialmente quando salteados na manteiga.
- Com alimentos com boa textura e aromas neutros, como o abacate e a abóbora.
- Com cebola e alho. Dê preferência aos Chardonnay com características mais minerais.

Harmonização mais difícil

- Os Chardonnay encorpados e com muito carvalho são mais difíceis de harmonizar. Funcionam melhor se o prato reproduzir os aromas do vinho ou, ainda melhor, se o método de cozimento combinar com a madeira, como grelhar ou defumar.
- Os pratos apimentados ou com muita especiaria também não combinam com os Chardonnay encorpados e com madeira, pois perde-se a sutileza e acentuam-se o carvalho e o álcool no vinho.
- Muitos Chardonnay com carvalho ficam diminuídos quando combinados com ingredientes ácidos como alho-poró, azeitona, aspargo, alcaparra e tomate. Exemplares sem carvalho e com maior acidez, no entanto, podem funcionar.
- Chardonnay com carvalho e pratos muito doces não é uma combinação feliz.

À MESA

Os Chardonnay mais leves e refrescantes são ideais como aperitivo. Acompanham bem peixes de sabor menos intenso e massas suaves. Frios, frango e carne de porco são parceiros dos brancos minerais de Mâcon e Côte Chalonnaise.

Os exemplares mais nobres da Borgonha, como Corton Charlemagne, Meursault e o soberbo Montrachet, podem ser reservados para peixes e frutos do mar com sabor mais intenso, a exemplo da lagosta, do bacalhau ou de massas com molho amanteigado, untuoso.

Na prática, é possível entender melhor as chaves para o casamento do Chardonnay com diferentes pratos. Risoto de frutos do mar ao molho curry ou ao molho chutney, por exemplo, agradece a companhia de um Chablis, grande Chardonnay da Borgonha, muito mineral e normalmente sem passagem pela madeira. O branco harmoniza-se ao mesmo tempo com o camarão, com as lulas e com os peixes. Para completar, toques minerais perfeitos, junto com a ótima acidez do Chablis, fazem parceria ao molho curry. Melhor ainda se o vinho tiver alguma estrutura, que vai valorizar o risoto e suportar até mesmo o pesado contraste do molho.

Cavaquinha grelhada com maçãs e purê de mandioquinha (batata-baroa) acomoda-se maravilhosamente bem com um Chardonnay amadeirado, de boa personalidade, acidez presente e sabor intenso.

Polvo em cassarola, cozido suculento com molho denso, poderia dialogar perfeitamente com um tinto leve, jovem, não tânico. Mas tem tudo para fazer parceria com um Chardonnay estagiado no carvalho, desses que oferecem tostado agradável, untuosidade, bom corpo e acidez. Seu estilo picante ajuda a equilibrar a cremosidade e a untuosidade da receita.

Sauvignon Blanc

O consumo de vinho dessa variedade tem aumentado em todo o mundo, graças à sua versatilidade na harmonização com comida e ao fato de normalmente apresentar boa relação qualidade–preço. Também é agradável alternativa para aqueles consumidores que se cansaram da padronização apresentada por boa parte dos Chardonnay encontrados no mercado. A Sauvignon Blanc produz brancos perfumados, exuberantes, de corpo médio e com acidez marcante. Embora aceite a madeira, costuma passar perfeitamente bem sem ela.

Por suas características, especialmente a refrescância, o Sauvignon Blanc tende a ser melhor quando jovem. Alguns podem ser guardados, mas a maioria conserva todas as suas qualidades até dois anos depois de chegar ao mercado. A acidez acentuada é uma vantagem para comidas com o mesmo perfil, a exemplo de pratos com tomate, um peixe com limão, comida thai ou uma salada à base de queijo de cabra. No caso, a acidez do alimento contrabalança com a do vinho.

A característica mais marcante da Sauvignon Blanc é o aroma intenso, lembrando frutas tropicais, como o maracujá. Ao nariz, aparecem também lima, grama cortada e o que alguns associam até a xixi de gato. O aroma bem definido – pungente, herbáceo e vegetal – apresentado por essa variedade é atribuído à alta concentração de metoxipirazina, um componente químico presente na uva e encontrado em maiores proporções nos climas mais frios.

A casta pode brilhar sozinha, como nos varietais do Novo Mundo, mas na França é tradicional companheira da Sémillon, a quem empresta nervo e sabor. É plantada em diferentes solos e climas em todo o mundo. A prática mostra que se dá melhor em zonas mais frias, que favorecem a maturação lenta e a elevada acidez. Na Califórnia, é chamada também de Fumé Blanc.

ÁREAS DE CULTIVO

A Sauvignon Blanc tem como terra natal a França e se expressa melhor em duas regiões: no Vale do Loire e em Bordeaux, cada qual com um estilo diferente. No Loire, apresenta-se na forma varietal e raramente envelhece em carvalho. Busca-se mostrar as características específicas da uva e seu aroma primário ou os aromas de grama, de groselha, de azeitona e de limão. A Sauvignon Blanc de Graves e Entre-Deux-Mers, em Bordeaux, é geralmente cortada com a Sémillon e um pouco de Muscadelle, além de, eventualmente, passar por amadurecimento em carvalho. Os aromas são mais terrosos, cítricos adocicados, de maçã, de melão e, quando estagiados em madeira, são acompanhados de uma textura mais rica e redonda.

Foi na Nova Zelândia que a Sauvignon Blanc ganhou brilho surpreendente. Existem dois diferentes estilos no país. Os brancos provenientes da região de Marlborough têm aromas mais marcados de groselha, de azeitona verde e de outras nuances das metoxipirazinas. Também podem recordar goiaba, maracujá e, em safras mais quentes, nectarina e pêssego. Já os vinhos de Hawkes Bay mostram-se mais cítricos.

Na África do Sul, a Sauvignon Blanc é uma estrela em ascensão, especialmente nas áreas de Stellenbosch e Elgin, com vinhos que seguem o estilo exuberante da Nova Zelândia. O Chile é hoje um dos maiores produtores mundiais da variedade. A Sauvignon Blanc desponta especialmente em zonas de clima frio (Casablanca, San Antonio, Leyda), onde mostra corpo mais leve e bem definido, com caráter frutado, tropical e boa acidez. Os de clima quente (Maipo) são vinhos mais maduros. Também o Uruguai tem produzido bons Sauvignon Blanc.

AROMAS

Frutas e vegetais	limão, melão, goiaba, maracujá, papaia, figo, alcachofra e aspargo
Flores	menta, coentro, manjericão, chá-verde, capim-limão e tomilho
Terrosos	lã molhada, cachorro molhado, xixi de gato, pólvora e mineral
Madeira (carvalho)	defumado, baunilha, torrada e especiarias doces

FOCOS DE HARMONIZAÇÃO

Boa harmonização

- Com a maioria das sopas vegetarianas, especialmente minestrones e sopas cremosas. Um prato como a sopa pode ser traiçoeiro, e o Sauvignon Blanc é uma das melhores soluções para essa harmonização. Evite servir com caldo de frango ou de carne, a menos que você adicione pedaços de vegetais.
- Com qualquer ingrediente que reproduza aromas de ervas ou vegetais, como uma salada, um grelhado com ervas ou servido com molho à base de ervas, como pesto, guacamole ou salsa verde.
- Com pratos servidos com molho vinagrete, seja uma salada, um peixe, aves ou carnes grelhadas.
- A acidez do vinagrete pode ser reduzida pela utilização de um cítrico em vez de vinagre, pode-se fazer

uso do próprio vinho empregado na harmonização como base para o molho.

- Com pratos com especiarias ou pimentas. A alta acidez do Sauvignon Blanc e o seu baixo teor alcoólico limpam e refrescam o palato.
- Com ingredientes mais ácidos: cítricos, derivados de leite (iogurte, creme fresco e creme azedo), endro, alcaparra, azedinha, azeitonas, tomate e abobrinha.
- Para equilibrar pratos muito ricos. Com molhos à base de creme ou manteiga, geralmente o Sauvignon Blanc produz o efeito de limpar o paladar.
- Para exaltar ingredientes simples e de qualidade como ostras, cozidos a vapor, peixes grelhados simples ou tomates com mozarela e manjericão.
- Para acompanhar entradas. Esse vinho não só acompanha bem entradas de forma geral, mas também permite que se faça a progressão dos vinhos, dos mais leves aos mais pesados, no decorrer da refeição.

Harmonização mais difícil

- Com pratos que se aproximam do adocicado. Como o Chardonnay, o Sauvignon Blanc não é a melhor escolha com pratos que contenham cebola caramelizada, alho assado, abóboras ou tubérculos assados.
- Com pratos muito ricos em sabor e textura. Essa uva combina melhor com pratos mais leves. Componentes doces ou cremosos podem tornar o vinho mais ácido.
- Quando se escolhe o estilo errado. As versões com carvalho e as versões 100% varietal, sem madeira, não podem ser interpretadas da mesma forma. As versões com carvalho se aproximam mais das harmonizações propostas para a Chardonnay.

À MESA

A versatilidade da Sauvignon Blanc a torna companhia de diferentes receitas. Por exemplo, sauté de rã com alho e ervas. A carne é delicada, mas nesse prato há uma boa combinação de ingredientes. Nada melhor para acompanhá-lo do que um Sauvignon Blanc leve e sem madeira, mas bem estruturado, como os do Loire, que normalmente apresentam toque floral e agradável frescor. Um Sauvignon Blanc do mesmo estilo pode escoltar camarões com tomates confites em molho agridoce. O delicado camarão, mesmo guarnecido de tomate e molho, que dão mais corpo à receita, poderia ser suplantado por um Borgonha. Melhor ficar com um Sauvignon Blanc maduro, mineral, elegante. Sua acidez equilibrada faz interessante diálogo com o prato.

Anchovas ou pescadinha ao escabeche são marinadas no vinagre. A acidez do prato pede a companhia de um vinho semelhante. Qual seria? Um jovem Sauvignon Blanc. Lulas picantes no estilo thai, preparadas com molho de peixe nam pla, equilibram-se maravilhosamente com um Sauvignon Blanc. Massas guarnecidas com frutos do mar, que geralmente ostentam grande complexidade aromática, também saem engrandecidas com a presença de um bom Sauvingon Blanc, por sua intensidade de aromas, fineza e agradável acidez.

Riesling

A Riesling produz um dos melhores vinhos do mundo, apesar de possuir um número limitado de fiéis admiradores. Seu traço mais marcante são os aromas minerais, que algumas vezes lembram pedra de isqueiro e outras, querosene. É o vinho branco mais versátil na harmonização com comida, embora ainda pouco presente no mercado brasileiro, o que tem uma explicação. A Riesling é a uva emblemática da Alemanha, onde produz vinhos longevos e muito complexos, secos ou doces. Mas a saturação provocada pelos vinhos adocicados e de baixa qualidade das garrafas azuis prejudicou a imagem de todos os vinhos alemães por aqui, inclusive a dos notáveis Riesling.

Por sorte, muitos consumidores estão redescobrindo essa uva, que brilha também na Alsácia francesa, na Austrália, na Nova Zelândia, na Itália e em outros países. A Alemanha é uma boa referência. Lá a Riesling dá origem a vinhos únicos, normalmente com baixa gradação alcoólica e, ainda assim, com incrível capacidade de guarda, graças à perfeita combinação de acidez e extrato seco. O nome Riesling aparece em outras regiões associado a uvas que não oferecem o mesmo potencial. No Brasil, por exemplo, temos a Riesling Itálica, que embora muito bem adaptada ao clima da serra gaúcha, não deve ser confundida com a verdadeira Riesling.

ÁREAS DE CULTIVO

Alguns dos melhores expoentes do mundo provêm da Alemanha e da Alsácia. Os vinhos do Reno e de Mosel-Saar-Ruwer, considerados os principais Riesling alemães, são leves (de 7% a 11% de teor alcoólico) e apresentam vários estilos: seco (trocken), semisseco (kabinett e spätlese) e doce (auslese, berenauslese e trockenberenauslese). Possuem uma acidez extraordinária, equilibrada para que o vinho não adquira um doce enjoativo e apresente uma ampla gama de aromas frutados, bem como de mineral e de petróleo.

Os vinhos da Alsácia seguem um modelo diferente: são mais encorpados (de 12% a 13% de teor alcoólico) e quase sempre secos. Apesar de o perfil aromático ser similar aos dos Riesling alemães, nos vinhos alsacianos os aromas frutados são mais maduros. A Alsácia também produz ótimos brancos no estilo semisseco. Os melhores exemplos são o Vendange Tardive (colheita tardia) e o Sélection des Grains Nobles (SGN), que são botrytizados e se aproximam mais de um vinho de sobremesa. São dois tipos mais raros, pois dependem de maior maturação dos bagos das uvas e da presença do fungo *Botrytis cinerea*, que faz perfurações finíssimas nas cascas das uvas, causando a desidratação e o consequente aumento da concentração de açúcar.

Mundialmente, existem exemplos nos dois estilos. Seguindo o modelo alemão (clima mais frio), destacam-se os vinhos do sul da Áustria e os da Europa central (Hungria e Romênia); seguindo o modelo da Alsácia (clima mais quente), temos os da Austrália e os da Nova Zelândia. Na América do Sul, raras vezes os vinhos dessa variedade alcançam a complexidade e a acidez dos famosos exemplares do Velho Mundo.

AROMAS

Frutas	damasco, pêssego, nectarina, maçã, pera, ameixa, limão, tangerina, maracujá e goiaba
Flores	menta, gerânio, rosa, zimbro, anis, cravo, jasmim, lavanda e chá-verde
Minerais	querosene, asfalto e defumado
Madeira (carvalho)	não presente (de modo geral)

FOCOS DE HARMONIZAÇÃO

Boa harmonização

- Com quase todas as aves gordas, especialmente ganso, pato e outras aves de caça.
- Para contrabalançar carnes salgadas e de sabores acentuados, bem como os seus derivados (presunto, salsicha e embutidos de forma geral).
- Com queijos moderadamente salgados, como um gorgonzola pouco maturado.
- Com marinadas ou molhos aromáticos, especialmente os agridoces, salgados/doces e os doces/apimentados. Também harmoniza bem com a maioria dos sushis.
- Com a maioria dos patês, presuntos, sanduíches de frango ou atum.
- Com muitas especiarias exóticas e aromáticas como curry, cardamomo, canela, cravo, anis-estrelado, cominho e açafrão-da-terra (cúrcuma).
- Com muitas entradas, que costumam apresentar vários elementos contrastantes, como sal, gordura, açúcar e aromáticos.
- Com comidas levemente adocicadas, como as orientais (tailandesas e malaias) e com a cozinha contemporânea.
- Com caranguejo, lagosta, camarão e outros frutos do mar. A leve doçura do vinho ressalta os aromas desses ingredientes.
- Com quiche e outros pratos à base de ovos.

Harmonização mais difícil

- Com pratos muito pesados, quando o vinho passará despercebido.

- Com ostras cruas, se o Riesling escolhido for um semisseco ou um estilo mais doce, sem boa acidez.
- Com pratos muito apimentados. O excesso de pimenta-do-reino predomina sobre os aromas do Riesling seco; com o estilo semisseco pode funcionar melhor.
- Com pratos à base de vegetais, com exceção dos levemente adocicados, como ervilha-torta com molho adocicado.
- Com carne vermelha. Apesar de os fatores molho e tipo de cocção poderem encaminhar para uma boa harmonização, o Riesling não é a melhor escolha com carnes vermelhas.

À MESA

Camarões e lagostim vão bem com diferentes brancos. Um deles é o Riesling. Especialmente em uma salada que, além dos dois ingredientes do mar, leve, também, feijões-brancos. A textura e os aromas do prato serão destacados por um vinho com frescor e vivacidade, com um Riesling da Alsácia, aromático, elegante e de boa estrutura. Sua boa acidez, embora equilibrada, faz agradável contraste com a consistência terrosa dos feijões.

O Riesling é também parceiro ideal para um prato bem brasileiro: costelinha de porco com canjiquinha. A carne é leve, e o aroma, discreto. O milho tem papel importante, e o modo de cozimento do porco é a fritura, que acentua a gordura. A combinação pode ser feita por oposição. Sendo assim, um Riesling seco, que não vai suplantar o peso da carne, tem tudo para dar certo, com seu aroma frutado e intenso, bem como rica acidez para limpar a gordura.

Gewurztraminer

Apesar de ser o nome de uva mais frequentemente escrito errado no mundo do vinho, a Gewurztraminer origina brancos fáceis para os iniciantes desfrutarem. Seus bagos têm uma interessante coloração rosada. É a mais aromática das uvas, contudo, não é muito flexível na harmonização com comida. Aliás, o fato de ser tão perfumada confunde o consumidor, que, muitas vezes, imagina um vinho leve e adocicado, e, ao colocá-lo na boca, surpreende-se por ele ser frequentemente encorpado e seco – o que, diga-se, são qualidades.

A casta, segundo os especialistas, teve origem na Traminer, encontrada inicialmente na região de Tramin, onde hoje se situa o Tirol italiano. Depois se espalhou pela Alemanha, Alsácia e, mais recentemente, chegou ao Novo Mundo. Normalmente, não apresenta acidez acentuada.

ÁREAS DE CULTIVO

Há muito tempo, os italianos exportavam a uva local de Tramin, cidade no nordeste da região de Trentino-Alto Adige, para a Alemanha e, após algum tempo, a casta ficou mais conhecida fora da Itália que dentro dela. O prefixo *gewürz* foi acrescentado na Alemanha. É uma referência a perfume e a especiarias, já que o vinho apresentava aromas de canela, cravo e noz-moscada, somados aos aromas do maracujá (fruta tropical), da lechia (fruta chinesa) e de flores (rosas e jasmim).

A Alsácia também é a terra de Gewurztraminer esplendorosos. É um vinho com mais corpo que o do estilo alemão, com aromas marcantes de maçãs e peras maduras, de flores exóticas e de fragrâncias e especiarias doces. As notas minerais do solo refinam seu caráter e diminuem o perfil aromático, atribuindo-lhe uma textura oleosa. Apesar de o Gewurztraminer ser conhecido principalmente como branco seco, estilos semisseco (Vendange Tardive) e doce (Sélection des Grains Nobles) são produzidos, da mesma forma que os Riesling, em anos excepcionais.

Os vinhos elaborados com essa variedade na Alemanha raramente alcançam o padrão de qualidade dos da Alsácia. No restante da Europa, encontra-se um estilo único e sutil dos vinhos do nordeste da Itália, que são mais finos e delicados em seus aromas.

No Novo Mundo, bons exemplares têm vindo de Gisborne, Nova Zelândia, que seguem os estilos seco e semisseco, e também do Chile, da Argentina e do sul do Brasil.

AROMAS

Frutas	maçã, pêssego, damasco, lichia, laranja, maracujá, abacaxi e manga
Flores	jasmim, cravo, canela, anis, noz-moscada e rosa
Terrosos	querosene, fumo e mineral
Madeira (carvalho)	baunilha e especiarias doces
Outros	pimenta e chucrute

FOCOS DE HARMONIZAÇÃO

Boa harmonização

- Com pratos com especiarias aromáticas. É preciso cuidado com o nível de pimenta, mas especiarias como curry, gengibre, cravo, canela e cardamomo podem resultar em boas combinações.

- Com queijos fortes. É um dos poucos vinhos que aguentam queijos bem amadurecidos e pungentes.
- Com aves de carne gorda, como ganso e pato, com foie gras e embutidos suínos.
- Com ingredientes defumados ou grelhados sobre madeira ou carvão.
- Com pratos levemente frutados e adocicados, mas não apimentados, como um chutney de fruta ou um molho de frutas tropicais.
- Com pratos à base de ovos, como quiche e omelete.

Harmonização mais difícil

- Com pratos muito apimentados. A presença de pimenta com o alto teor alcoólico do Gewurztraminer exige prudência.
- Com pratos ou ingredientes ácidos. Evite esse vinho com vegetais verdes, tomate e outras receitas com ingredientes ácidos.
- Com pratos muito doces. Enquanto o Gewurztraminer funciona bem com pratos leves ou medianamente doces, com pratos muito adocicados ele se mostrará áspero (a não ser que o vinho seja do estilo doce e, no mínimo, tão doce quanto o prato).
- Com cozinhas simples e delicadas, pois o vinho poderá se destacar muito.

À MESA

Num jantar, o chef preparou vieiras ao molho de leite de coco e pimentão vermelho. Qual vinho recomendar? Pode ser escalado perfeitamente um perfumado e seco Gewurztraminer. O molusco apresenta um fundo adocicado, com sabor marcante e peculiar. O vinho apresenta aroma e sabor intensos, elegantes e agradáveis, tornando-se um bom companheiro para o pimentão do molho, além de ser também bastante aromático.

O mesmo branco pode escoltar um peixe com molho agridoce, a exemplo de traíra com molho caramelado. O vinho precisa manter o equilíbrio entre os ingredientes da receita, papel perfeito para o Gewurztraminer. Além de sua grande riqueza aromática, deixa na boca a sensação de um suave adocicado, neutralizando, levemente, o sabor do caramelo e harmonizando-se agradavelmente com o peixe.

Viognier

É uma uva branca que, estranhamente, se dá bem com o calor, ainda que nunca em excesso. Tem a propriedade de elaborar vinhos que apresentam aromas intensos, florais, com bom corpo na boca e que permitem harmonizações ricas, além de serem muito agradáveis para se tomar como aperitivo. Possuem os aromas de um bom Riesling, corpo e textura de um Chardonnay e são fáceis de beber, como um Gewurztraminer.

Mas a Viognier não é muito conhecida e, se hoje está espalhada pelo mundo, há um quarto de século existia praticamente apenas na região de Condrieu, no norte do Rhône francês, em cujo solo granítico as raízes se aprofundavam, resultando em brancos dotados de grande mineralidade. Mesmo com essa potencialidade, a Viognier quase desapareceu. Naquela época, restaram meros cinco hectares plantados com a casta. Depois, a uva foi redescoberta pelos produtores, chegou ao sul da França e a outros países. Por sua acidez mediana, apresenta melhor suas características quando jovem.

ÁREAS DE CULTIVO

Embora se identifique com o norte do Vale do Rhône, especula-se também que a Viognier possa ser originária da Grécia ou do sudeste da Europa. O importante é que essa cepa deu tipicidade aos vinhos de Condrieu. Seus aromas de casca de pêssego e de um floral sutil formam a base dos vinhos locais. Além da pequena área dessa appellation, a variedade vem sendo cultivada no sudeste (Ardèche) e no sudoeste (Languedoc) da França.

Na década de 1990, a Viognier assumiu vocação internacional. Tornou-se popular na Califórnia. Na Austrália, tem boa presença em South Australia, nas regiões de Eden Valley e Clare Valley. Seus aromas pronunciados lembram uma cesta de frutas, enquanto na França, são mais contidos e sutis. No Chile e na Argentina, tem originado vinhos de aromas perfumados, com um toque mineral.

AROMAS

Frutas	limão, pera, pêssego, nectarina, damasco, tangerina, marmelo, ameixa-amarela, maçã e abacaxi
Flores	flores brancas, violeta, gardênia, acácia, folha de chá e cardamomo
Minerais	pedras e pólvora
Madeira (carvalho)	baunilha, amêndoa e torrada
Outros	mel, iogurte e pimenta-rosa

FOCOS DE HARMONIZAÇÃO

Boa harmonização

- Com pratos aromáticos e ricos. Por ser seu corpo semelhante ao do Chardonnay, o branco Viognier combina igualmente com molhos e pratos com textura mais espessa.

- Com combinação de frutas e especiarias doces, incluindo os chutneys de manga, molho chinês de ameixa e molho barbecue com frutas.
- Como aperitivo. Pode ser apreciado com pratos de entrada que contenham os componentes salgado/doce.
- Com quase todos os queijos. Para uma tábua de queijos, o Viognier é uma boa solução.
- Com curry, independentemente do tipo, desde que não muito apimentado, o Viognier interage muito bem.
- Com ingredientes defumados: peixe, frango e até queijo.
- Com vegetais caramelizados e com amido – combina bem com tubérculos assados, abóboras, polenta e risoto.
- Com embutidos de festas, como peru e presunto.

Harmonização mais difícil

- Com pratos leves. O vinho requer algo com mais estrutura ou sobrepujará a comida.
- Com ingredientes ácidos. Evite vegetais verdes, ervas frescas, azeitonas, alcaparra, endívia ou outros ingredientes ácidos.
- Com molhos ácidos. Evite vinagretes e molhos igualmente ácidos.
- Com pratos apimentados. Como o vinho tem geralmente um teor alcoólico maior, a sensação de queimação também será maior.
- Com peixes com sabor muito forte, como sardinha e anchova.

À MESA

Embora mais limitado quando se trata de combinações, o Viognier é parceiro seguro de ingredientes como carne de caranguejo e até mesmo lagosta e camarões, cujo adocicado faz boa sociedade com o perfumado do vinho. Vejamos uma saborosa salada de caranguejo, abacate e tomates. A carne do crustáceo é rapidamente refogada e cozida em azeite. Os demais componentes da receita são temperados com azeite, limão, cebola e coentro. Um bom Viognier só enriquece o prato.

Pinot Gris

É uma uva branca com raízes francesas e italianas, mutação da Pinot Noir. No vinhedo, os cachos ostentam coloração entre o azul e o rosa. Seu vinho é fácil de apreciar: limpo, refrescante e vibrante, aromático e picante, dependendo de sua origem geográfica.

ÁREAS DE CULTIVO

Na França, a Pinot Gris forma com a Riesling e a Gewürztraminer o trio dourado da Alsácia, onde é chamada também de Tokay. Produz excelentes vinhos, mais encorpados, robustos e aromáticos. Na Itália, é conhecida por Pinot Grigio e predomina na região norte, principalmente no Trentino-Alto Adige e no Friuli, onde produz brancos leves, com boa acidez. A Toscana e regiões mais ao sul estão cultivando essa variedade, porém é preciso algum cuidado, porque muitos Pinot Grigio italianos não apresentam interesse por oferecer pouco aroma e acidez excessiva.

Na Alemanha, a Pinot Gris é chamada de Ruländer e possui um estilo intermediário entre o italiano e o francês, com exceção dos casos em que o vinho passa por carvalho. No Novo Mundo, a Pinot Gris aparece, ainda em pequena escala, na Califórnia e na Nova Zelândia.

AROMAS

Frutas	limão-siciliano, limão, melão verde, maçã verde, pera, abacaxi, pêssego, ameixa, tangerina e nozes
Flores	flores de cítricos, seiva, pétala de rosa, violeta e capim-limão
Especiarias	pimenta-branca, gengibre, tomilho e musgo
Minerais	pedras, asfalto e pólvora
Empireumático	defumado
Madeira (carvalho)	baunilha
Confeitaria	mel, iogurte e creme azedo

FOCOS DE HARMONIZAÇÃO

Boa harmonização

- Com quase todas as sugestões aplicáveis ao Sauvignon Blanc, varietal e sem carvalho. Compartilha as mesmas características: boa acidez e sabor cítrico.
- Quando mais untuoso e rico, no estilo da Alsácia, a harmonização segue as recomendadas para a Chardonnay.
- Com muitas receitas asiáticas. Os vinhos de estilo mais austero exaltam a qualidade dos ingredientes, como um caranguejo frito com alho e molho de soja, por exemplo. As versões mais encorpadas se dão bem com pratos mais aromáticos e com mais textura, com molhos aromáticos e engrossados.

- Com pratos simples de frutos do mar, incluindo ostras e mariscos.
- Com peixes crus, como num tartar de atum, num carpaccio de salmão ou num ceviche não muito ácido. A boa acidez do vinho traz à tona os aromas desses ingredientes.
- Com molhos agridoces, como alguns chutneys, ou com molhos asiáticos, com o componente salgado/doce.

Harmonização mais difícil

- Quando se escolhe o estilo errado. Escolha o estilo mais refrescante e com menos corpo para acompanhar receitas simples de textura mais fina; e escolha os mais encorpados e ricos para receitas com molhos mais espessos e substanciosos.
- Quando o prato for muito adocicado. Nesse caso evite um Pinot Gris seco. Um Vendange Tardive da Alsácia ou um Riesling com algum açúcar residual podem ser opções melhores.
- Quando servidos na temperatura errada. O estilo italiano deve ser servido resfriado; já o estilo alsaciano, mais encorpado, deve ser servido numa temperatura um pouco superior, para que seus aromas possam se mostrar.

À MESA

Quiches são leves, versáteis, fáceis de preparar, devem estar sempre à mão para atender convidados inesperados e vão muito bem com um leve e correto Pinot Gris ou Pinot Grigio. Já um prato mais trabalhado, como camarão com melão em gelatina de crustáceo, requer a companhia de um

Pinot Gris com mais personalidade, no estilo dos alsacianos ou dos italianos do Friuli. A receita, pelo camarão, melão e gelatina, é delicada. Um Chardonnay amadeirado poderia suplantá-la. Por isso, a indicação do branco menos intenso que tem presença, mas mostra delicadeza e boa acidez, como convém à companhia dos frutos do mar.

Corte de uvas brancas

Há, no mercado, vinhos elaborados com duas ou três castas brancas. Procura-se, por exemplo, a acidez do vinho de uma uva com a cremosidade do vinho da outra. Esses cortes originam vinhos de maior complexidade aromática e mais corpo, a maioria com preços menores.

Para se realizar uma harmonização correta entre as versões econômicas, e mesmo com as de maior categoria, deve-se prestar atenção à casta que predomina no corte. Isso pode ser verificado no rótulo; geralmente, a primeira casta assinalada é a que se encontra em maior porcentagem na mistura.

DESEJO MERLOT
13,0 % vol

Vinhos tintos e comida

A grande característica dos vinhos tintos é terem menor acidez que os vinhos brancos. Por outro lado, normalmente apresentam maior teor alcoólico, potência tânica e mais corpo na boca, o que nos leva a pensar que acompanham melhor comidas de grande sabor e textura firme. Além disso, seus taninos ajudam a dissolver as gorduras dos alimentos, que tendem a recobrir as papilas gustativas. Tintos tânicos e estruturados sustentam bem comidas com altos índices de gordura.

Mas, da mesma maneira que os brancos, a família dos tintos é ampla e generosa. É um jogo prazeroso descobrir seus diferentes estilos. Além do mais, conhecer as características dos principais tipos ajuda a entender melhor seu papel na combinação com a comida. Temos, por exemplo, os tintos leves e frutados, como os vinhos produzidos com as uvas Gamay e Pinot Noir. Ou aqueles que mostram corpo médio e boa acidez, semelhantes ao Chianti italiano.

Um terceiro tipo é o dos tintos tânicos, encorpados, estruturados, como os Barolo italianos jovens e os vinhos de diversas regiões elaborados com a uva Cabernet Sauvignon. A quarta categoria é a dos vinhos temperados, picantes, de que são modelo os Syrah do Rhône e muitos Shiraz, como são chamados na Austrália. Há, ainda, um quinto tipo: os tintos maduros, envelhecidos, como os grandes Bordeaux e Borgonha franceses, os Barolo italianos e os Rioja espanhóis.

Para definir o estilo de um tinto, também devem-se levar em conta outras variantes. É assemblage* ou varietal? Teve estágio em barricas de carvalho? De modo geral, os vinhos frutados e sem madeira são feitos para serem bebidos jovens, quando ainda têm o frescor e a tipicidade da uva. Os vinhos tintos Reserva, ao contrário, elaborados para suportar a guarda de vários anos, costumam mostrar-se demasiadamente intensos e agressivos na boca quando jovens. Em seus primeiros anos, requerem comida igualmente intensa em sabor, com suficiente gordura para recobrir nossas papilas gustativas e, assim, percebê-los mais suaves.

Durante alguns anos, predominou também uma divisão entre os vinhos do Velho e do Novo Mundo, em que a geografia parecia determinar o estilo. Os tintos típicos do Novo Mundo eram vistos como bombas de fruta supermadura, concentrados, potentes, alcoólicos e amadeirados. Já o Velho Mundo tinha como paradigma vinhos com boa fruta, taninos maduros, gradação alcoólica média, acidez marcante, equilíbrio e, sobretudo, elegância. Perfeitos para acompanhar uma refeição refinada. Nos últimos anos, no entanto, exigências do mercado estão levando a mudanças. Muitos produtores dos países vinícolas emergentes procuraram harmonia e finesse, enquanto alguns viticultores das regiões

* Vinho elaborado com mistura de diferentes uvas.

tradicionais passaram a oferecer tintos mais concentrados. Hoje, busca-se um equilíbrio entre as duas tendências.

Cabernet Sauvignon

A Cabernet Sauvignon é a casta preferida dos iniciantes no mundo do vinho tinto. Considerada por muitos especialistas a uva tinta mais nobre do mundo, é a principal componente dos grandes vinhos de Bordeaux – o ápice da excelência. Saindo da França, a cepa espalhou-se pelo planeta, por sua facilidade de adaptação aos mais diferentes solos e climas. Suas marcas registradas são a cor escura, os aromas de pimentão, a boa estrutura e a facilidade de integração ao carvalho.

Uva de ciclo vegetativo tardio, a Cabernet Sauvignon prefere os climas temperados, e mesmo quentes, às regiões frias. Tem casca mais grossa e resiste bem a doenças usuais. Mas, quando não amadurece bem, os componentes herbáceos são acentuados, assim como eventual amargor e adstringência. Na adega, sua *performance* é múltipla. Pode brilhar sozinha, como nos varietais do Novo Mundo, ou comandar o *show* com outras variedades, como acontece em Bordeaux e em outras regiões. Nos lotes franceses, a Cabernet Sauvignon faz parcerias notáveis com a Merlot, a Cabernet Franc e a Petit Verdot. Na Itália, reforça muitas Sangiovese. Na Austrália, é mesclada à Shiraz.

Na harmonização com a comida, as possibilidades são inúmeras, tal como os estilos do vinho. Cabernet Sauvignon jovens, com pouco estágio em madeira, costumam ser frutados e exuberantes, próprios para pratos mais simples, carnes grelhadas, churrasco, pizza e mesmo a cozinha do dia a dia. Já os tintos amadurecidos, de guarda, pedem a companhia de receitas mais refinadas, ainda que de sabor marcante.

O consumidor de vinhos costuma ter um comportamento peculiar em relação a essa uva. Muitos se apaixonam por ela e depois acabam perdendo o interesse, buscando vinhos de outras variedades tintas. No entanto, a maioria desses consumidores acaba voltando para a Cabernet Sauvignon, seduzidos pelo seu caráter e complexidade.

ÁREAS DE CULTIVO

Muitos estudiosos argumentam que a Cabernet Sauvignon foi identificada inicialmente na região do sudoeste da França, porém o estilo que adquiriu em Bordeaux é seu modelo global. Os lendários vinhos da península do Médoc (na margem esquerda do rio Gironde, indo de Saint-Estèphe ao norte, passando pela cidade de Bordeaux até a região de Graves, no sul) são aqueles que promoveram a formidável reputação da Cabernet Sauvignon em todo o mundo.

Apesar de alguns exemplos honestos de vinhos baseados nessa uva serem encontrados no sudoeste da França, poucos conseguem rivalizar com os de Bordeaux, pela qualidade e complexidade. Logo na primeira impressão olfativa de um bom Médoc tinto, revela-se uma sequência de aromas complexos e característicos, indo do cassis e mirtilo ao cedro, terra e grafite.

Na Itália, a Cabernet Sauvignon tem se dado bem, na sua forma varietal, no Piemonte e na Toscana; em cortes com a Sangiovese na Toscana, resulta em vinhos excepcionais, os conhecidos Supertoscanos. Na Austrália, a Cabernet

Sauvignon se mostra potente e complexa, com frutas negras intensas, bem encorpadas e com uma rica estrutura tânica. Alguns vinhos das regiões de Coonawarra, de Barossa Valley e de Adelaide são reconhecidos entre os mais interessantes Cabernet Sauvignon do mundo. Apesar de excepcional na forma varietal, a Cabernet Sauvignon na Austrália também aparece associada à grande Shiraz, produzindo vinhos excepcionais.

Historicamente, a América do Sul é conhecida pela produção de Cabernet Sauvignon de boa relação qualidade-preço. Nos últimos anos, entretanto, ganhou terreno a categoria Premium. Vinhos cada vez melhores estão vindo do famoso vale do Maipo e de outras regiões até então menos conhecidas, como Colchagua, Curicó e Maule, desfazendo o mito de que o Chile somente conseguiria produzir vinhos considerados de pouco valor.

Outros bons Cabernet Sauvignon da América do Sul nascem na Argentina, principalmente no vale do Uco e em algumas sub-regiões em torno de Mendoza. Em busca de melhores terroirs, os produtores argentinos estão experimentando o cultivo das uvas em alta altitude, o que tem produzido alguns exemplares excelentes. No Brasil, a Cabernet Sauvignon também é bem adaptada, por sua capacidade de resistir à umidade.

AROMAS

Frutas e vegetais	mirtilo, framboesa negra, cassis, ameixa, cereja, pimentão, azeitona, erva-doce e beterraba
Flores	eucalipto, louro, menta, tomilho, sálvia e violeta
Terrosos	areia, húmus, cogumelo, trufa, grafite, cedro, tabaco e mineral
Madeira (carvalho)	coco, café, chocolate, cacau, melaço, baunilha, caramelo, nozes, canela e torrada

FOCOS DE HARMONIZAÇÃO

Boa harmonização

- Com carnes vermelhas. Para fugir do óbvio, tente um vinho mais envelhecido com carnes malpassadas e vinhos mais jovens com carnes longamente cozidas ou cozidos simples.
- Com ingredientes grelhados. Grelhar adiciona o componente amargo ao ingrediente e se equilibra com os taninos da Cabernet Sauvignon.
- Com ingredientes amargos. Folhas de mostarda, radicchio, escarola refogada, endívia e berinjela assada podem funcionar bem, interagindo com os taninos da Cabernet Sauvignon.
- Com ingredientes ou cocções que reproduzam o carvalho no vinho. Grelhar, defumar ou assar em carvão ou lenha reproduz as características da madeira das barricas. Acrescentar nozes tostadas ou assadas ou glacear a carne com shoyu e mel também reproduzirá os aromas encontrados nesse vinho.
- Com pratos que utilizam muita manteiga ou creme de leite – a gordura forma uma película que cobre toda a superfície da boca e se equilibra bem com o vinho.
- Com pimenta-preta. Em steaks, como crosta em um atum ou quando adicionada em qualquer preparação, a pimenta domará os taninos da Cabernet Sauvignon. Essa combinação funcionará melhor com vinhos jovens.
- Com elementos terrosos ou herbais. Em especial, vinhos que reproduzam esses aromas particulares: Cabernet Sauvignon de Bordeaux, Washington e Nova Zelândia combinam bem com ervas frescas e cogumelos pretos.

Harmonização mais difícil

- Com pratos delicados e sutis. A personalidade do vinho é muito forte e prevalecerá sobre o prato.
- Com queijos fortes. Opte por queijos mais neutros, que atuem como coadjuvantes e não como estrelas.
- Com a maioria dos peixes, o tinto deixa na boca um gosto metálico. Com os peixes mais carnosos e menos oleosos (atum, peixe-espada ou cação) pode funcionar.
- Com pratos muito condimentados e apimentados. Esses fatores aumentarão as percepções de álcool, amargor e adstringência no vinho.
- Com pratos com pouca ou nenhuma proteína, como risoto simples ou crudités.* O amargor do vinho será acentuado.
- Com a maioria dos chocolates, muito doces para qualquer vinho tinto seco, eles nunca se harmonizarão com o estilo austero desse vinho.

À MESA

Alguns Cabernet Sauvignon são potentes, austeros. Outros, especialmente se envelhecidos, mostram taninos arredondados, equilíbrio e elegância. No primeiro caso, o tinto pode ser companhia para um churrasco. Já o segundo escoltará muito bem um carré de cordeiro ao molho de ervas frescas. A carne, de sabor pronunciado, encontra no vinho um parceiro à altura, com aromas complexos, semelhantes aos do molho. Na boca, é macio, mas tem estrutura para acompanhar o cordeiro.

* Vegetais crus em palitos para mergulhar em molhos, como aperitivo ou entrada.

O cardápio poderia oferecer ainda um ossobuco sobre risoto de açafrão. O ossobuco, típico da cozinha italiana, geralmente é bem temperado e rico em gordura. Pede um tinto jovem, com bom corpo e taninos ainda presentes. Para manter a nacionalidade, um tinto italiano seria boa escolha, desde que não tão potente quanto um Barolo, que provavelmente sobrepujaria o prato. Para não correr riscos, uma boa pedida será um Cabernet Sauvignon chileno trabalhado no carvalho novo. Tem aroma de frutas, da baunilha da madeira e um toque herbáceo. Na boca, oferece bom corpo, acidez correta e alguma adstringência. Seus taninos se envolvem com a gordura do prato e se amaciam. E o toque herbáceo vai bem com os temperos da carne.

Merlot

O macio Merlot é um dos vinhos tintos mais populares do mundo. Costuma ser redondo e frutado na boca, com taninos amigáveis, o que o torna mais fácil e prazeroso de beber.

A maciez da uva Merlot é frequentemente usada em cortes para aparar as arestas dos taninos de castas como a Cabernet Sauvignon ou a Tannat. Também faz voos-solo, como se vê nos maravilhosos tintos do Pomerol, na França.

É uma uva de amadurecimento precoce e de casca fina, mais sujeita à podridão. Prefere os climas amenos aos quentes. Ao contrário da genérica Cabernet Sauvignon, a Merlot parece mais seletiva. Além de sua terra natal, a França, faz sucesso também na Itália, na Califórnia e tem tudo para se firmar como a grande cepa dos tintos brasileiros.

ÁREAS DE CULTIVO

Como a Cabernet Sauvignon, a Merlot é nativa do sudoeste da França, da região de Bordeaux. Originalmente, prosperou na margem direita do rio Garonne, no Pomerol e áreas adjacentes. Isso não quer dizer que não exista Merlot de qualidade no Médoc (margem esquerda), e os vinhos de Saint-Estèphe comprovam isso. Os vinhos da margem direita, porém, especialmente os de Pomerol, são os melhores representantes da Merlot.

Em Bordeaux, a Merlot é expressiva, sumarenta; apresenta aromas de mirtilo, amora, cerejas maduras, notas de ervas frescas e mineral, escoltados por taninos macios e sedosos.

Com o intuito de abastecer o mercado americano, na década de 1990, os franceses expandiram o cultivo da Merlot para o Languedoc e para outras regiões no sudoeste. O vinho dessas áreas mantém a tipicidade, porém são menos complexos e mais herbáceos.

A casta se adaptou bem em muitas regiões fora da França. No nordeste da Itália, o vinho apresenta-se mais herbáceo, leve e fácil de beber. No norte daquele país, aparece com menos corpo ou menos austero. Embora não seja muito agradável sozinho, esse vinho acompanha muito bem a cozinha local.

Na América do Sul, o Chile tem se destacado pela produção da Merlot. Fato intrigante é que, lá, muitas videiras que todos pensavam ser de Merlot foram depois identificadas como de Carmenère, uva pouco conhecida, também originária de Bordeaux. Os melhores exemplares chilenos da Merlot vêm das regiões de Maipo, Colchagua e Curicó. Na Argentina, a Merlot apresenta resultados mais expressivos nos vinhedos de maior altitude, como na região de Tupungato, onde os vinhos oferecem fruta madura, acidez equilibrada e excelente estrutura. Na serra gaúcha, tem originado atualmente alguns dos melhores tintos brasileiros.

AROMAS

Frutas e vegetais	mirtilo, amora, ameixa, blueberry, cereja, pimentão, framboesa e morango em compota
Flores	folhas, eucalipto, orégano, louro, menta, tomilho, sálvia, alecrim, pinho, tabaco e chá-preto
Terrosos	areia, húmus, cogumelo, trufa, grafite e cedro
Madeira (carvalho)	coco, café, chocolate, torrada, cacau, melaço, nozes, baunilha, caramelo, serragem e defumado
Outros	couro, almíscar e alcatrão

FOCOS DE HARMONIZAÇÃO

Boa harmonização

- Com uma série de ingredientes ácidos: cítricos mais neutros, vegetais verdes, cebola e alho crus, ou pouco cozidos, e tomate.
- Com cogumelos e ervas frescas. O Merlot combina com esses ingredientes da terra até melhor que o Cabernet Sauvignon.
- Com alguns peixes e crustáceos. Salmão, camarões, atum e vieiras podem combinar com o Merlot, especialmente se preparados com alguma carne, como a pancetta, o prosciutto ou o jamón.
- Com as berries. Qualquer receita preparada com cerejas, ameixas, secas ou hidratadas, ou uva-passa preta pode ficar sublime, já que esses ingredientes reproduzem os aromas mais presentes no vinho.

- Com ingredientes grelhados ou defumados. O uso de ervas frescas nessas preparações remete à mesma impressão notada no vinho.

Harmonização mais difícil

- Quando o estilo do vinho não se encaixa com o estilo do prato. Esse é o aspecto negativo da grande diversidade de estilos que a casta pode apresentar. Tente equiparar o peso do prato com a intensidade do vinho.
- Com queijos fortes. Apesar da acidez maior e do corpo menor, que o torna uma opção melhor que o Cabernet Sauvignon, o Merlot não é uma boa opção com queijos fortes ou azuis.
- Com pratos delicados e sutis. Como o Cabernet Sauvignon, a maioria dos Merlot é muito expansiva e prevalecerá sobre pratos leves.
- Com muitas especiarias apimentadas. A pimenta aumenta a percepção do álcool, bem como acentua o amargor e a adstringência dos taninos.
- Com pratos sem gordura, proteína ou textura, como um risoto ou massa levemente aromáticos ou vegetais cozidos. A falta desses fatores fará com que o vinho pareça áspero.

À MESA

Muita gente pensa que a carne de porco é gordurosa e pesada. Não é bem assim. Apesar da gordura, sua textura é macia e de peso mediano. Especialmente o lombo, mais delicado. Um lombo com molho de mostarda é um prato agradável, que combina o sabor da carne com a untuosidade e o tempero do molho. Fará boa harmonização com um

Merlot aromático e jovem. De preferência, com um vinho de médio corpo, que traga ao nariz pequenas frutas do bosque e especiarias. Se for de região não muito quente, melhor, pois terá mais acidez para limpar a boca.

Um Merlot mais complexo e maduro é a escolha perfeita para um pato em molho de maçãs. A ave tem carne com gosto marcante e o molho é denso, embora a caramelização quebre um pouco a acidez natural da maçã. A potência do sabor da carne pede um vinho com boa textura, como o Merlot do Pomerol, a notável sub-região de Bordeaux. Os melhores combinam estrutura, maciez e personalidade, à altura do prato.

Pinot Noir

A Pinot Noir pode representar uma relação de amor e ódio tanto para o produtor quanto para o consumidor. Pode ser o vinho de maior ou de menor qualidade que já se provou. A Pinot Noir é uma uva delicada, temperamental, portanto de manejo difícil para o produtor. Ao contrário da Cabernet Sauvignon, que se dá bem em quase todas as regiões, a Pinot Noir exige clima perfeito, a quantidade exata de carvalho (o suficiente para adicionar complexidade) e o preciso amadurecimento dos taninos (também o suficiente para garantir uma textura aveludada). Quando desequilibrada, origina vinhos diluídos ou herbáceos, com taninos verdes e amargos. Mas, quando atinge o exato equilíbrio, o resultado pode ser excepcional, como se vê em duas regiões francesas, na Borgonha e em Champagne.

No vinhedo, é uma uva de amadurecimento precoce, uma das primeiras a serem colhidas. Está sujeita a algumas doenças e ao desavinho – uma espécie de acidente de percurso na brotação dos cachos, quando não ocorre a transformação das flores em fruto. A casta prefere climas temperados ou moderadamente frios, que proporcionam tintos com boa fruta e fineza. Nas zonas quentes, predomina a fruta cozida, do tipo geleia ou compota, que não favorece a elegância final.

O Pinot Noir é tratado carinhosamente pelos sommeliers por ser um tinto de grande versatilidade na harmonização com comida. Pode ser considerado um vinho branco na pele de um tinto, graças a seus taninos macios, à boa acidez e aos aromas fáceis de serem encontrados na comida. Pelo estilo amigável, é encantador quando jovem; se maduro e bem-feito, oferece muita estrutura para guarda. É um dos tintos que melhor envelhece.

ÁREAS DE CULTIVO

Uma das uvas mais antigas do planeta, a Pinot Noir tem como origem a França. Como a Chardonnay, mostra seu melhor desempenho na Borgonha, onde os vinhos de conhecidas denominações de origem, como Vosne-Romanée, Echézeaux, Romanée Saint-Vivant, Gevrey-Chambertin e Chambolle-Musigny, costumam emocionar o degustador. A combinação de cereja, lavanda, defumado ou carvalho doce e um toque animal pode ser simplesmente o nirvana. Ainda como a Chardonnay, a Pinot Noir tem um papel importante na produção do champanhe e de outros vinhos espumantes ao redor do mundo, contribuindo com corpo e complexidade, bem como com um caráter frutado e de especiarias.

Muitos vinicultores mundo afora buscam reproduzir a Pinot Noir da Borgonha, porém poucos lugares têm sido bem-sucedidos. O terroir francês é único, não será imitado jamais. O importante, quando se planta a casta em outras zonas, é alcançar sua tipicidade, resultando em tintos com boa fruta, toques de caça, estrutura e elegância. De modo geral, as regiões que conseguem maior sucesso nessa busca são aquelas de clima mais fresco.

Uma delas é a Nova Zelândia, que muitos acreditam ser a nova fonte de bons Pinot Noir. Considerando a relativa juventude da indústria vinícola local e o prestígio que esses vinhos neozelandeses têm merecido, mesmo com vinhedos ainda novos, é fácil compreender que o terroir local é privilegiado. Os exemplares que mais se aproximam do estilo da Borgonha se originam das regiões de Central Otago, Waipara e Marlborough. A região de Martinborough, apesar de pequena, tem produzido excelentes vinhos.

Os Estados Unidos também demonstram apego especial à Pinot Noir, sentimento que se fortaleceu depois do filme *Sideways*, um hino de amor a essa uva caprichosa. As cenas foram rodadas no vale de Santa Bárbara, na Califórnia, onde as diferenças de temperatura entre os dias quentes e as noites amenas, refrescadas pelo vento frio que vem do oceano Pacífico, favorecem o desenvolvimento e a plena maturação dos cachos. Outras zonas californianas oferecem condições semelhantes por causa da grande amplitude térmica. Ótimos Pinot Noir saem de Carneros e do vale do rio Russian. Mais ao norte, o frio e úmido Estado de Oregon também é uma das áreas mais promissoras no país para a Pinot Noir, onde conseguem-se uvas com maior acidez e frutosidade. Os aromas são mais potentes, e a cor, mais estável, resultando em vinhos atraentes, frescos e elegantes.

Na África do Sul, embora ainda raras, existem algumas regiões de clima frio favoráveis à produção de Pinot Noir, como Mossel Bay e Walker Bay.

No Chile, boas novidades começam a aparecer nos vales de Casablanca e San Antonio, que recebem a influência das brisas frias do oceano Pacífico.

No Brasil, alguns produtores plantaram essa uva e oferecem tintos frutados, leves e corretos.

AROMAS

Frutas e vegetais	cereja, framboesa, morango, ameixa, romã, erva-doce e azeitona
Flores	lavanda, jasmim, violeta, menta e eucalipto
Terrosos	cogumelo, trufa, húmus e folhas secas
Madeira (carvalho)	café, gengibre, cravo, canela, cacau, caramelo, noz-pecã, baunilha, coco e torrada
Outros	carne (animal), soja e charcuterie (carne assada)

FOCOS DE HARMONIZAÇÃO

Boa harmonização

A combinação das qualidades de vinhos tintos e brancos proporciona ao Pinot Noir enorme flexibilidade no casamento com muitos ingredientes e cocções.

- Com pratos com especiarias. Utilize um bom Pinot Noir com pratos temperados com coentro, cominho, canela, gengibre ou qualquer especiaria que seja possível identificar no vinho.
- Com ingredientes defumados, grelhados ou tostados, especialmente se forem servidos com vinho de estilo defumado e com mais carvalho.

- Com muitos peixes, sendo o atum e o salmão os melhores exemplos.
- Com vegetais e aromas terrosos. Um Pinot Noir com aromas terrosos combinará bem com vegetais cozidos, abóbora, erva-doce, lentilhas, cebola, alho, cogumelo e mostarda Dijon.
- Com muitas cozinhas asiáticas, como as do Japão, da China, da Coreia, da Índia e de Cingapura. Pratos com combinação salgado/doce e diferentes texturas (pato de Pequim, frango defumado ou tandoori)* funcionam bem com o Pinot Noir.
- Com queijos mais neutros e com embutidos.

Harmonização mais difícil

- Com peixes e frutos do mar mais fortes. Evite mariscos, anchova, sardinha e cavala.
- Com pratos ou molhos muito ricos. O vinho é muito delicado e não suporta grandes quantidades de creme, manteiga ou maionese.
- Com pratos apimentados. A mesma sensação de queimação será sentida no vinho.
- Com receitas mais audaciosas. O Pinot Noir é muito sutil, e um prato que se destaque irá apagar o vinho.
- Com queijos de aroma forte. Como ocorre com a maioria dos vinhos tintos, os melhores queijos para servir com o Pinot Noir são os neutros e cremosos: taleggio, brie, camembert e outros da mesma linha.

À MESA

Alguns casamentos são clássicos com Pinot Noir, por exemplo, para acompanhar escargots a bourguignone, pu-

* Porco assado e glaceado com molho de soja ou Hoisin.

xados no alho e ervas, ou o coq au vin. Mas há inúmeras outras possibilidades. Diz-se que tudo que voa vai bem com Pinot Noir maduro, delicado e com grande personalidade. Há uma receita cubana com frango guarnecido por um molho bem temperado, à base de tomilho, louro e cominho, que se harmoniza perfeitamente com o Pinot Noir. A carne tem textura macia, como o vinho, e os aromas de ambos, cheios de especiarias, se completam.

Língua de boi ao vinho tinto vai no mesmo caminho. A carne, macia, poderia se acomodar tanto com um branco quanto com um tinto. A cor do molho seria um indicativo, pois, de modo geral, ingredientes e molhos claros aceitam vinhos brancos, enquanto ingredientes e molhos escuros, tintos. A receita, no caso, é para vinho tinto, de preferência o mesmo tipo na panela e no copo. Como se trata de um prato relativamente leve, um Pinot Noir com aromas de frutas vermelhas e especiarias é uma boa opção.

Syrah

Forma, com a Cabernet Sauvignon e a Merlot, a trilogia nobre dos tintos e está em ascensão em vários países. A Syrah é a uva mais importante da região norte do Rhône, na França, com destaque para Côte Rotie e Hermitage. É também a variedade tinta que predomina nos vinhos da Austrália, onde é conhecida como Shiraz. Tradicionalmente, dizia-se que a casta se desenvolvia melhor em climas quentes e secos. Mas, hoje em dia, ganham espaço vinhedos de Syrah plantados em regiões mais altas, onde a uva amadurece devagar e de modo mais completo, ganhando em vivacidade e frescor.

O vinho da Syrah pode ter diferentes estilos, dependendo da região onde nasce. Os tintos do Rhône, normalmente, são potentes, defumados, minerais e mais austeros, melhorando com a guarda. Já os australianos são macios, frutados, doces, temperados por especiarias e por algum couro. Em outros países que produzem vinhos com essa uva, como Chile e África do Sul, a escolha da grafia no rótulo dá uma pista sobre o estilo, se mais para o Rhône ou mais para a Austrália.

ÁREAS DE CULTIVO

A origem da Syrah já foi creditada à Pérsia, à Mesopotâmia e até ao Chipre. Mas o *pedigree* dela é mais evidente na França, especialmente nas Côtes du Rhône, que se dividem em duas grandes áreas, o norte e o sul. No norte, há vinhos notáveis, que são quase 100% Syrah e trazem aromas intensos de frutas negras, couro defumado, bacon e a típica pimenta-preta. No sul, onde ficam as apelações de Châteuneuf-du-Pape e Gigondas, a Syrah desempenha papel cada vez mais importante nos cortes para enriquecer a predominante Grenache, contribuindo com sua grande estrutura e seus aromas únicos.

A área de cultivo da Syrah na França, atualmente, quase alcança a faixa plantada com Cabernet Sauvignon. Ela se estende também cada vez mais para o sul francês, com papel de destaque na Provença, em Languedoc-Roussillon e Ardèche.

A Austrália tem obtido enorme sucesso com a Shiraz, uva mais plantada em seu território. Seja na forma varietal de McLaren Vale ou de Barossa Valley, ou cortada com a Cabernet Sauvignon, a Shiraz australiana tem produzido muitos vinhos que se enquadram numa categoria top.

Lá, ela é mais frutada, com compota e aromas de berries, com um toque de menta e uma textura macia, que enche a boca. Com essas qualidades e um bom corpo, graças ao clima mais quente, a Shiraz australiana rivaliza hoje com o estilo francês.

A Syrah também tem sido produzida na Toscana italiana e, em menor quantidade, na Espanha e em Portugal. Nessas regiões, também vem sendo utilizada nos cortes, adicionando complexidade aos vinhos. Na Argentina, a região de San Juan produz Syrah ricos e concentrados, enquanto os vinhos de Mendoza se espelham nos vinhos do norte do Rhône. O Chile também mostra grande potencial, a ponto de muitos enólogos apostarem que, das variedades novas, essa é a mais promissora, como no passado foi a Cabernet Sauvignon e, recentemente, tentou ser a Carmenère. A expectativa maior se relaciona aos vinhedos das zonas mais altas, especialmente no vale de Apalta, onde a Syrah dá um vinho estruturado, com taninos macios e grande expressão frutal.

AROMAS

Frutas e vegetais	amora, cereja negra, cassis, framboesa, ameixa, azeitona preta, pimentão e frutas cozidas
Flores	violeta, menta, eucalipto e mentol
Terrosos	poeira, grafite, cogumelo, carvão e trufa
Madeira (carvalho)	canela, cravo, chocolate, cacau, defumado, baunilha, coco, torrada e café
Outros	pimentas (preta e branca), charcuterie (carne assada), bacon, soja, couro e animal

FOCOS DE HARMONIZAÇÃO

Boa harmonização

- Com grelhados. Um steak grelhado no carvão, atum em crosta de pimenta ou até vegetais como berinjela, abobrinha e tomate grelhados combinam bem com o Syrah.
- Com preparações com mais textura e corpo. O peso e o corpo do Syrah o tornam parceiro natural para ragus.
- Com aromas pungentes e selvagens. Javali e outras carnes com aromas fortes combinam bem com a maioria dos Syrah.
- Com ervas. Seja envolvendo um queijo, finalizando um prato, utilizadas em marinadas ou numa defumação, as ervas combinam muito bem com o Syrah, especialmente o de estilo francês, potente e defumado.
- Com churrasco.

Harmonização mais difícil

- Com a maioria dos peixes. No entanto, preparações com atum e salmão, bem como com ensopado de peixe, podem combinar com um Syrah de estilo mais leve.
- Com receitas apimentadas. Por causa do alto teor alcoólico dos vinhos de Syrah, conforme se aumenta a quantidade de pimenta no prato, maior será a percepção do álcool.
- Com ingredientes ácidos. Molhos à base de vinagre e vegetais ácidos, como a escarola e o alho-poró, não funcionam com Syrah.

- Com queijos muito neutros. Já com queijos mais pungentes e fortes, como gouda amadurecido, parmesão e queijo de cabra amadurecido, o Syrah se acomoda melhor. Evite queijos azuis e queijos neutros de pasta mole, como o camembert.

À MESA

Coelho à caçadora, guarnecido por molho espesso à base de tomate e champignon, temperado por tomilho, estragão e louro, tem afinidade com muitos tintos concentrados. Entre eles, um bom e temperado Syrah, que oferece sabor marcante, como o prato. Um steak au poivre* faz igualmente parceria com o Syrah, pois os aromas de especiarias do vinho conversam bem com a pimenta-verde do prato.

Cozidos de carne bovina são acompanhados com prazer pelo mesmo tinto. É conhecida a receita de boeuf en daube, em que a carne bovina é cozida lentamente em um caldo com pedaços de bacon, cebola, cenoura e ervas para temperar. No copo, vai um Syrah. Nos bistrôs franceses, também faz sucesso uma galinha-d'angola (pintade) com recheio condimentado, que mistura toucinho, tomilho, cebola, o fígado da própria ave e azeitonas pretas. Um prato cheio para o temperado Syrah.

Sangiovese

É a variedade tinta mais plantada na Itália. Possui diversos nomes em função dos clones desenvolvidos (Brunello, Prugnolo, Morellino, Sangiovese di Romagna, Sangiovese

* Filé com pimenta.

Grosso). Dependendo do vinhedo e da proposta do produtor, dá origem tanto a vinhos jovens, frutados, de corpo médio e acidez elevada, como os Chianti, quanto aos estruturados e marcantes Supertoscanos.

Em suas variantes, é utilizada, majoritariamente, por outras apelações conhecidas, como Brunello di Montalcino e Vino Nobile di Montepulciano. Tradicionalmente, a Sangiovese era vinificada sozinha, mas, atualmente, é autorizado também o lote com castas internacionais.

É uma uva bastante temperamental quanto ao cultivo: como seu amadurecimento é tardio, em anos mais frios ou chuvosos tende a produzir vinhos muito ácidos e com taninos mais duros; e, ainda, por possuir a casca mais fina, é sensível a podridões. Quando a natureza colabora, pode dar vinhos espetaculares.

ÁREAS DE CULTIVO

A região central da Itália é a principal zona de cultivo da Sangiovese, e, mesmo nessa faixa, a qualidade e as características dos vinhos produzidos a partir dessa uva são variáveis. O Chianti, um vinho bastante conhecido dos brasileiros, muito valorizado nos restaurantes italianos, integra a Denominação de Origem Controlada e Garantida na Toscana, e seus vinhos devem ter pelo menos 75% da Sangiovese. Um bom indicativo de qualidade dos Chianti é quanto às áreas onde se localizam os vinhedos: as denominações Chianti Clássico (é o coração do Chianti, entre Siena e Florença) e Chianti Rufina (região nordeste do Chianti) são um indicativo a mais de qualidade.

Os Supertoscanos são vinhos que, na maioria das vezes, nascem de cortes da Sangiovese com variedades francesas como a Cabernet Sauvignon, a Merlot, a Cabernet Franc. Posssuem um estilo mais global, internacionalizado. Quase sempre são vinhos de qualidade, com grande presença de frutas e bem dosada porção de carvalho francês.

O Vino Nobile di Montepulciano é produzido no território da cidade de Montepulciano, a sudeste da região do Chianti, com o clone da Sangiovese chamado Prugnolo Gentile. É uma área um pouco mais quente e de solo arenoso, o que se traduz em vinhos com um pouco mais de corpo e álcool que os Chianti. Na região de Montalcino, ao sul do Chianti, o clone chama-se Brunello, que dá vinhos com mais tanino e extrato, de grande estrutura e longevidade. As duas zonas produzem ainda um segundo vinho, menos estruturado, o Rosso de Montepulciano e o de Montalcino.

Ao sul de Montalcino, na área da cidade de Scansano, ao pé das colinas da Maremma, junto ao mar Tirreno, o clone da Sangiovese é chamado Morellino. Essa região possui o clima mais quente, o que, se, por um lado, possibilita a colheita antes do período de chuvas, por outro, o amadurecimento mais rápido não desenvolve todas as virtudes que a variedade de uva pode proporcionar.

Mas, na Itália, a casta não se limita à Toscana. Na região leste da Emilia-Romagna, o clone é chamado Sangiovese di Romagna, e dá vinhos com menos concentração, acidez marcante e estilo mais frutado.

Em outros lugares do mundo, como Califórnia, Austrália e Argentina, a Sangiovese vem progredindo na adaptação às condições locais.

AROMAS

Frutas	frutas vermelhas maduras, cereja, ameixa, morango e figo seco
Vegetais	menta e ervas tostadas
Animal/mineral	cera, couro, suor, chá-preto
Empireumático	defumado, chá-preto, balsâmico
Madeira (carvalho)	baunilha
Confeitaria	doce de leite

FOCOS DE HARMONIZAÇÃO

Boa harmonização

- Com molho de tomate. Devido à boa acidez da Sangiovese, o equilíbrio fica mais fácil de ser atingido quando se tem à mesa alguma receita com molho de tomate.
- Com pizzas. Além da presença do molho de tomate, a enorme diversidade de coberturas pode encontrar um equivalente na Sangiovese. A pizza com cobertura de ingredientes leves combina com um Sangiovese di Romagna ou um Chianti simples; uma cobertura mais pesada (embutidos, queijos fortes) com exemplares mais encorpados, como um Chianti Clássico.
- Com carnes vermelhas. Especialmente os cozidos com molhos mais espessos combinam muito bem com Brunellos e Vino Nobile de Montepulciano.
- Com carne de caça. A forte personalidade de uma caça, principalmente quando acompanhada de uma substanciosa polenta mole, encontra um par à altura num Sangiovese bem encorpado, como um Brunello di Montalcino.

- Com cogumelos. Os melhores exemplares de cada região, quando envelhecidos, combinam muito bem com a riqueza de sabores e aromas dos cogumelos.

Harmonização mais difícil

- Com peixes. Mesmo um Sangiovese leve não vai bem com peixe, porque o vinho costuma apresentar taninos duros, que podem comprometer a harmonização, exceção feita ao atum.
- Com estilos de pratos contrastantes. Um prato sutil com um Sangiovese encorpado ou um prato substancioso com um Sangiovese leve não trará um resultado muito agradável.
- Com ingredientes salgados. A boa presença dos taninos em contato com o excesso de sal pode trazer à tona o sabor amargo. Ao mesmo tempo, a grande potência alcoólica de alguns exemplares do tinto pode ficar ainda mais amplificada pelo excesso de sal.

À MESA

Um prato rico é, por exemplo, massa com lagostins em molho vermelho, ampliado com um toque de peperoncino. A presença do lagostim poderia sugerir um branco, mas a cor do molho e o tempero picante vão dialogar à altura com um tinto da Toscana bem estruturado e não rústico. O vinho precisa ter algum requinte para fazer boa figura perante o prato.

Coelho ao zimbro e polenta é uma receita de forte caráter regional da Toscana. Para lhe fazer companhia, nada melhor que um vinho também regional, fiel aos sabores da terra. O alimento é de média estrutura, com aromas intensos derivados da redução do molho com ervas e especiarias e, ainda, com uma boa untuosidade. O vinho deve oferecer aromas etéreos de frutas maduras confitadas, de especiarias ou animais.

Tempranillo

É a principal uva dos grandes vinhos da Espanha, mas começa a aparecer também em outros países. Seu nome deriva do termo espanhol *temprano*, que quer dizer "cedo", provavelmente em virtude do seu amadurecimento precoce. Tem como característica a casca grossa e muito escura, permitindo que o tinto mostre uma coloração intensa e profunda, com boa estrutura para o envelhecimento, sem um desproporcionado teor alcoólico. A Tempranillo tende a produzir vinhos com baixa acidez.

É uma uva extremamente versátil, comportando-se bem em rosés; tintos mais leves, frutados e frescos (jovens e do Novo Mundo); tintos encorpados e macios (Rioja); e tintos bem encorpados, robustos e intensos (Ribera del Duero). Tem muitos sinonímios, como veremos a seguir, e aceita muito bem a passagem pela madeira.

ÁREAS DE CULTIVO

Qualitativamente, é a uva espanhola mais conhecida. Apesar de ser habitualmente misturada a outras castas, como Garnacha e Mazuelo, a Tempranillo dá estrutura aos vinhos mais conhecidos da Espanha, provenientes de Rioja e Ribera del Duero. É cultivada nas regiões central e norte, identificada com diferentes nomes. Na Rioja e em Navarra, é chamada de Tempranillo. É conhecida como Tinto Fino ou Tinta del País, em Ribera del Duero; Tinta de Toro, em

Toro; Cencibel, em La Mancha e Valdepeñas; e Ull de Lebre, na Catalunha. Costuma dar melhores resultados em regiões um pouco mais frias, como Ribera del Duero, Rioja (Alavesa e Alta) e Penedès, de onde saem vinhos mais elegantes e com acidez equilibrada.

Os vinhos de Rioja seguem algumas regras de envelhecimento e possuem nomenclatura de acordo com o processo de afinamento a que são submetidos antes de chegar ao mercado. O Crianza deve envelhecer no mínimo dois anos na adega, sendo um deles em barrica. O Reserva deve permanecer três anos na adega, um deles em barrica. E o Gran Reserva, no mínimo dois anos em barrica e três na garrafa.

Em Ribera del Duero, a Tinto Fino produz alguns dos melhores vinhos da Espanha, e também dos mais caros. No geral, são tintos que se caracterizam pela grande intensidade, aptos a evoluir bem em garrafa e muito equilibrados.

Em Portugal, a Tempranillo surge como Tinta Roriz, no Douro, onde integra os lotes de vinho do Porto e também dos novos e exuberantes vinhos tranquilos. Amacia os tintos do Alentejo, com o nome de Aragonês e aparece ainda no Dão, como Tinta Aragonês.

Na Argentina, alguns produtores têm conseguido elaborar vinhos típicos e interessantes a partir dessa variedade.

AROMAS

Frutas e vegetais	morango, framboesa, cereja, figo, erva-doce, azeitona e ervas aromáticas
Flores	violeta, cravo e alcaçuz
Madeira (carvalho)	baunilha, coco e canela

FOCOS DE HARMONIZAÇÃO

Boa harmonização

- Com carneiro, preferencialmente assado. É uma combinação clássica, com prioridade para um Rioja ou um Ribera del Duero.
- Com caças. A intensidade de carnes como a de coelho, codorna e faisão se equipara à intensidade do vinho, resultando em uma boa harmonização por afinidade, que pode ainda ser potencializada por um acompanhamento à base de cogumelos ou berinjela.
- Com alguns elementos de ligação. Alguns ingredientes como redução de aceto balsâmico, cominho, azeitona preta, queijo cheddar, bacon e erva-doce podem facilitar a harmonização de um prato com o Tempranillo.
- Com pratos ricos à base de carne. Por exemplo, com paella com carnes, com moussaka,* com boeuf bourguignon e com fígado grelhado (bem como com outras carnes grelhadas).

Harmonização mais difícil

- Com ingredientes ácidos. Por causa da relativa baixa acidez da uva, ingredientes ácidos deixarão o vinho frouxo e xaroposo.
- Com pratos sutis. Esse vinho costuma ter grande estrutura acompanhado de madeira na mesma proporção. Pratos com pouca estrutura podem ser atropelados, comprometendo a harmonização.
- Com pratos mais salgados. O sal exalta o amargor dos taninos, abundantemente presentes nesse vinho.

* Prato do Oriente Médio à base de carne de carneiro, berinjela e tomate.

- Com peixes. Com exceção dos rosés e quando tratamos de peixes carnosos e com sabor acentuado.

À MESA

A carne de porco, seja ao natural, seja em subprodutos, como linguiça, e os champignons, com seus toques terrosos, dão-se muito bem com os tintos feitos a partir da Tempranillo. O prato pode ser massa em molho generoso de tomate, linguiça e champignon. O tinto tem estrutura e aromas próximos aos dos ingredientes.

Da mesma maneira, a Tempranillo dá certo com um risoto com funghi porcini. O prato pede o acompanhamento de um vinho potente para o necessário equilíbrio entre o alimento e a bebida. O tinto tem aroma rico de especiarias, fumo e tostado, o que torna perfeita a sua compatibilização com o prato.

Malbec

Embora seja a uva emblemática da Argentina, ela é originária da França. Sua utilização é permitida em todo o oeste francês (Loire, Bordeaux) e também no sudoeste, e somente em Cahors costuma aparecer majoritariamente nos cortes. Entre os franceses, gera tintos rústicos e pesados, sem muito interesse. Na Argentina, encontrou hábitat favorável, principalmente no clima desértico de Mendoza, e mostrou qualidades insuspeitadas.

A Malbec argentina tem cachos menores do que a francesa; dá tintos de coloração intensa, com boa estrutura e aromas típicos, lembrando fruta madura, notas florais (violeta) e chocolate.

A Malbec ganha com a passagem pelo carvalho, mas não deve envelhecer muito. Atualmente, alguns bons produtores defendem as virtudes da Malbec plantada em platôs com maior altitude. Nessas zonas mais frias, a uva amadurece mais lentamente e não perde a acidez.

ÁREAS DE CULTIVO

Na França, sua terra natal, a Malbec é conhecida também como Auxerrois, em Cahors; como Côt, no Loire; e Pressac, em Saint-Emilion. Em Cahors, apresenta-se com mais taninos, maior acidez, caráter mineral e fruta mais simples. Seu tinto era conhecido como o "vinho negro" por causa da coloração escura. Nas outras regiões francesas, a Malbec aparece mais como um complemento nos cortes, não dominando o caráter do vinho.

Na Argentina, a Malbec se adaptou muito bem. É a uva vinífera mais plantada no país, onde produz vinhos com grande concentração e corpo com aroma de fruta mais madura, muitas vezes em compota e textura muito macia e aveludada. Na região de Salta, ao norte, oferece vinho de grande estrutura, taninos muito aveludados, alto teor alcoólico e acidez equilibrada, com aromas intensos e adocicados de geleias e compotas de frutas negras e ameixa.

Em Mendoza, região de maior tradição e importância, a Malbec se mostra em diversos estilos: dos mais leves e envelhecidos aos intensos e concentrados. Seus vinhos apresentam regularidade e consistência, sendo uma aposta mais segura para um iniciante. Ao sul, as regiões de Rio Negro e Neuquén são mais frias e produzem vinhos mais elegantes, com acidez marcante. Apesar de não apresentarem a mesma regularidade de Mendoza, alguns vinhos dessas áreas, produzidos a partir de videiras muito antigas, estão entre os melhores exemplares argentinos, aliando potência e elegância.

Atualmente, o Chile também está produzindo Malbec; são vinhos um pouco mais tânicos e, às vezes, cortados com a Cabernet Sauvignon.

AROMAS

Frutas e vegetais	amora, ameixa, berries, compota e geleia de frutas
Flores	violeta e menta
Terrosos	cogumelo, trufa e húmus
Madeira (carvalho)	baunilha, chocolate, tabaco, cacau, café e defumado

FOCOS DE HARMONIZAÇÃO

Boa harmonização

- Com carnes vermelhas. Principalmente as malpassadas e grelhadas na brasa. A grande estrutura tânica desse vinho reage muito bem com a proteína da carne malpassada e o aroma da tosta da carne no carvão reproduz os aromas da passagem do vinho pelo carvalho; o frutado intenso tolera até um molho à base de frutas negras ou vermelhas.
- Com miúdos. Especialmente a parrillada, típico churrasco argentino que inclui muitos miúdos bovinos. Essas carnes são um pouco mais adocicadas e de textura um pouco mais sutil. Alguns Malbec argentinos de estilo mais antigo (envelhecidos por longos períodos em grandes tonéis de carvalho) combinam de forma estupenda com essas carnes.

- Com pratos fortes. Exemplo clássico é a harmonização do vinho de Cahors com cassoulet ou com pato confit.*
- Com uma grande variedade de pizzas. Um Malbec mais simples e barato pode ser uma boa alternativa num rodízio de pizzas.

Harmonização mais difícil

- Com ingredientes salgados. O sal destacará ainda mais a potência alcoólica e os taninos do vinho.
- Com pratos sutis. O peso da Malbec requer um prato bem substancioso, de preferência com uma boa presença de proteínas (carnes), principalmente as de sabor mais acentuado.
- Com peixes. Exceção feita quando um vinho tinto faz parte da cocção do peixe e desde que acompanhe um Malbec não muito concentrado.
- Com ingredientes ácidos. A acidez na comida poderá desequilibrar o vinho, deixando-o muito pesado e difícil de beber.

À MESA

Além de serem encontrados com facilidade em nosso mercado, os tintos da Malbec são bastante versáteis à mesa. Combinam com diferentes preparações. Podemos começar por um casamento regional, com as típicas empanadas. Essa espécie de pastel de massa feito no forno, com carne, cebola e temperos picantes, com textura média, cai bem com um Malbec, que tem estrutura adequada e, se for de boa procedência, é sedoso e temperado.

* Espécie de conserva em que a carne é coberta de gordura e cozida lentamente.

Malbec nem sempre combina bem com churrasco, mas com carnes, sem dúvida. Alguns casamentos são até inusitados. Muitos podem duvidar, mas um bom Malbec não faz feio diante do clássico francês filet au poivre. O prato faz o vinho crescer, e o molho parece domar a força do tinto. Espaguete com linguiça, risoto de gorgonzola e nozes, uma carne assada com tomate, cebola e alecrim são também parceiros do Malbec.

Tannat

É mais uma uva francesa que encontrou melhor guarida fora da França. A Tannat, cujo nome faz referência a seu alto conteúdo de taninos, é hoje a casta emblemática do Uruguai. É uma variedade difícil, um desafio até mesmo para os enólogos. Um bom trabalho nos vinhedos e condições climáticas favoráveis durante a fase de maturação são necessários para não deixar na boca uma sensação de aspereza.

Mutações naturais sofridas em terras uruguaias tornaram a Tannat menos agressiva que a original francesa. Ainda assim, os produtores costumam amaciá-la com lote de outras cepas tintas, como Merlot, Cabernet Sauvignon ou Cabernet Franc. O repouso em barricas de carvalho francês ou americano também ajuda a acalmá-la. De modo geral, os tintos feitos com essa uva costumam apresentar cor intensa, são potentes e têm gradação alcoólica elevada.

ÁREAS DE CULTIVO

O Madiran e o Béarn, no sudoeste francês, são as regiões onde a Tannat tem presença até hoje. Tradicionalmente, lá a casta resulta quase sempre em tintos de cor intensa, potentes e um tanto rústicos. Mas isso pode mudar. Foi nessa área que, pela primeira vez, se utilizou a técnica de micro-oxigenação (aplicação de pequenas doses de oxigênio ao vinho ainda no tanque) para favorecer a polimerização dos taninos, tornando-os mais palatáveis, e ajudar na estabilização do tinto. Isso, aliado ao longo envelhecimento em barricas de carvalho (no Madiran, mínimo de 20 meses), deixa o Tannat mais macio.

Mas a França, que tem 1,4 mil hectares plantados com essa uva, perde para o Uruguai, que possui o dobro disso. A casta parece ter encontrado condições ideais no clima temperado e úmido de nosso vizinho, marcado pelas influências do oceano Atlântico. As brisas frias que sopram do mar e do rio da Prata proporcionam boa amplitude térmica. A maior mancha ocupada pela Tannat fica no sul do país, ao redor da capital Montevidéu. Canelones e San José são as principais regiões. No norte, há bons vinhos ainda em Artigas e Riveras, na fronteira com o Rio Grande do Sul. O lado brasileiro dos pampas também está produzindo tintos de qualidade com essa mesma uva.

AROMAS

Frutas e vegetais	amora, framboesa, frutas maduras e em compota
Madeira (carvalho)	baunilha, café, cacau
Outros	couro, suor e almíscar

FOCOS DE HARMONIZAÇÃO

Boa harmonização

- Com carnes vermelhas. Mais que a Malbec, a Tannat depende da proteína da carne vermelha para se sair bem.

- Com carnes de caça. Os aromas animais da Tannat podem ser reproduzidos no prato por meio da utilização de carnes de caça, com sabor mais rústico, de preferência com acompanhamentos substanciosos.
- No Uruguai, os vinhos da Tannat acompanham o churrasco, pois harmonizam-se perfeitamente com fibrosas e vigorosas carnes vermelhas.
- A harmonização clássica no Madiran é com o cassoulet. A feijoada e o cassoulet têm grandes semelhanças; os franceses utilizam feijão-branco em vez de feijão-preto, tradicional no Brasil, mas ambos são pratos consistentes e gordurosos, que pedem um vinho tânico e de destacado frescor.
- É também o vinho adequado para receitas que utilizem rabada e ossobuco, com acompanhamentos igualmente ricos.

Harmonização mais difícil

- Com carnes leves. Peixes, aves de carne branca, vitela e até mesmo carnes bovinas menos saborosas, como o filé-mignon ou a maminha, não suportam os taninos da Tannat e serão dominados pelo vinho, que poderá destacar os aromas animais de forma desagradável.
- Com pratos sutis.
- Com ingredientes salgados. Os taninos ficarão ainda mais intensos, e o teor alcoólico também destoará do conjunto.

À MESA

Os uruguaios têm uma interessante maneira de harmonizar o Tannat com carne grelhada, o prato nacional por excelência. O tinto é apresentado em diferentes estilos. Pode ser jovem ou maduro, ser varietal ou cortado com outras castas e também ter passagem pelo carvalho para ficar mais macio. Cada um deles é considerado mais adequado aos diversos cortes da carne bovina. Para cortes mais gordurosos ou com gordura externa, como a costela ou o assado de tira, os uruguaios recomendam tintos mais jovens. Já para as carnes marmorizadas – em que a gordura permeia os músculos, como no bife ancho – e para a picanha, são sugeridos os Tannat mais redondos e maduros.

Touriga Nacional

Variedade de origem portuguesa, a Touriga Nacional oferece vinhos de coloração muito escura e concentrada e uma excelente estrutura tânica. Sua marca registrada, no entanto, são os aromas florais, que lembram a violeta. Hoje, a casta começa a aparecer também em outros países.

ÁREAS DE CULTIVO

Portugal ainda é a região onde a Touriga Nacional alcança sua plenitude. É uma uva com baixo rendimento, mas grande concentração, aroma intenso, bom corpo e elegância. Douro e Dão disputam sua primazia, embora a casta tenha papel diferente em cada uma dessas áreas. No Douro, a Touriga Nacional sempre foi uma das principais uvas na composição do vinho do Porto e, nos últimos anos, começou a ganhar cada vez mais espaço para a elaboração também de tintos de mesa, que já se tornaram um sucesso mundial. No Dão, apresenta caráter menos floral e se expressa muito bem, dando origem a vinhos equilibrados, com boa acidez, que perdem em corpo e ganham em finesse.

Nos últimos anos, a Touriga Nacional tornou-se uma espécie de Cabernet Sauvignon portuguesa, seduzindo produtores em quase todas as áreas vinícolas do país, com boa adaptação a diversos solos e climas. Já tem presença no Alentejo, em Bairrada, em Estremadura, em Ribatejo e em Setúbal. Fora de Portugal, foi plantada com sucesso em países como Austrália, África do Sul e, também, no Brasil (região da Campanha e do vale do São Francisco).

AROMAS

Frutas	frutas negras, amora, figo seco e ameixa
Flores	violeta, camélia e cravo
Especiarias	canela e pimenta-preta
Vegetais	ervas
Animal	couro
Empireumáticos	café, cacau e chocolate
Madeira (carvalho)	baunilha
Confeitaria	manteiga, iogurte e creme de leite

FOCOS DE HARMONIZAÇÃO

Boa harmonização

- Com carnes vermelhas. A grande estrutura do vinho encontra na carne vermelha uma companheira ideal para seus taninos.
- Com carne de caça. As características dessa carne, como a leve doçura, a forte personalidade aromática e o toque animal, harmonizam-se bem com o vinho.

- Com assados e grelhados. Carnes que apresentam algum tostado facilitam a ligação com as características de carvalho que os vinhos de Touriga Nacional normalmente apresentam.
- Com bacalhau. Os portugueses preferem o prato com um tinto, e o Touriga Nacional é uma das boas alternativas.
- Com alguns temperos, como alho e cebola, que costumam dar um toque adocicado ao prato, aproximando-o do caráter frutado maduro do vinho. Também ervas aromáticas podem reproduzir os aromas herbais do vinho, ampliando a interação entre o vinho e a comida.

Harmonização mais difícil

- Com peixes de modo geral. A forte personalidade do vinho e seus taninos poderosos passarão por cima do prato e podem trazer à tona um desagradável sabor metálico.
- Com pratos leves e sutis. A potência de um Touriga Nacional jovem poderá atrapalhar a percepção das sutilezas de um prato. Algum exemplar envelhecido, mais amaciado e complexo, poderá cair melhor.
- Com ingredientes salgados e ácidos. O sal destaca o amargor que o vinho pode apresentar e intensifica a presença do álcool. Como os tintos geralmente apresentam menor acidez, poderão se mostrar mais corpulentos e sem frescor.

À MESA

O bacalhau pode ser preparado de muitas maneiras. Uma receita relativamente simples, e espetacular, sugere que as postas, altas, sejam primeiro grelhadas com um fio de azeite, depois colocadas em uma travessa refratária e levadas rapidamente ao forno, cobertas com rodelas de cebola. O salgado do peixe e o adocicado das cebolas formam delicioso contraste, completado por um tinto de Touriga Nacional, perfumado e elegante, amplo, untuoso, com taninos maduros, quase doces.

Tintos de corte

Apesar de, atualmente, o mercado mundial estar cheio de vinhos varietais, feitos a partir de uma casta determinada, como vimos com as uvas brancas, uma tendência antiga é avaliada cada vez mais por produtores do Novo Mundo: o corte ou assemblage, como dizem os franceses. Por trás da ideia de misturar castas, esconde-se a intenção de potencializar as qualidades de cada uma para melhorar o resultado final, buscar originalidade e construir um vinho único.

Nos vinhos tintos do Médoc, da região de Bordeaux, por exemplo, sempre se mesclam diferentes tipos de uva, cuja proporção depende das características da colheita de cada ano. Tomam-se por base a força, o corpo e a expressão de frutas negras e especiarias da Cabernet Sauvignon, e os amenizam com a amabilidade tânica e as notas frutais doces da Merlot. Existem, porém, cortes de uvas em vinhos mais simples. Por exemplo, se em um determinado ano as condições climáticas não foram as ideais para se obter um Syrah com boa concentração, que em teoria seria um varietal, é provável que o enólogo agregue um pouco da Cabernet Sauvignon para lhe dar mais força. Na Austrália, aliás, essa é uma receita corriqueira para tintos correntes. Às vezes, o próprio rótulo indica as porcentagens de cepas no corte.

Atualmente, não cabe a afirmação de que o blend proporciona vinhos melhores do que a utilização de apenas uma única uva ou vice-versa. Nos dois casos, há tintos e brancos espetaculares. Mas, além dos tintos de Bordeaux, são produzidos, com blend de uvas, grandes vinhos em Portugal, nas regiões do Douro, Alentejo, Dão, Estremadura, Setúbal e Ribatejo; muitos dos Supertoscanos, na Itália; alguns ícones do Chile, da Austrália e da África do Sul. No Brasil e em outros países, vinícolas que normalmente oferecem varietais reservam para um vinho de assemblage o posto de top da casa.

Deve-se observar que mesmo um vinho indicado como varietal pode ter sido cortado com outra casta. Nesse caso, a lei varia conforme o país. No Chile e no Brasil, se o rótulo diz "Merlot", pelo menos 80% do vinho deve ser dessa variedade, enquanto na Argentina considera-se 75%.

A harmonização é igual à dos cortes de uvas brancas, devendo-se identificar a variedade que predomina na composição e, depois, as qualidades que podem adquirir com o acréscimo das outras castas. Assim, os focos de harmonização são os mesmos que acompanham cada casta.

Tintos de guarda

De modo geral, depois de prontos e colocados na embalagem, os alimentos não têm mais seu sabor alterado. Quando isso acontece, normalmente há um problema de higiene ou conservação. O vinho é o único produto que evolui com o tempo. Os tintos com estrutura e fruta, elaborados para permanecer longos períodos em garrafa, irão desenvolver aromas mais complexos com o passar dos anos se armazenados sob condições adequadas. Ganham o famoso bouquet, aromas que combinam com notas de couro, tabaco, terrosas e outras que indicam evolução. Os componentes de cor se atenuam, caminhando para tons acastanhados, grenás, de tijolo. Com a idade, os taninos desses vinhos também vão suavizando, havendo uma diminuição no corpo.

É interessante notar que, atualmente, o consumidor busca vinhos que podem ser bebidos logo, que não necessitam de muita espera para mostrar todas as suas qualidades. Pela demanda do mercado, os produtores introduziram mudanças no vinhedo e na maneira de vinificar seus tintos para que eles saiam das caves mais prontos. Um bom exemplo é o Barolo, tinto potente do Piemonte, no norte da Itália, que antes necessitava de muitos anos de garrafa para amaciar. Hoje, os Barolo de estilo moderno conservam a estrutura, mas, em alguns anos, já dão prazer no copo.

Acostumado a comprar a garrafa e logo beber, nem sempre o consumidor sabe apreciar os vinhos envelhecidos, de guarda. Eles não portam mais a exuberante frutosidade dos tintos jovens. Mostram fruta evoluída, notas animais, taninos sedosos e têm sutileza. Por essa razão, à medida que o tempo passa, esses vinhos vão necessitando da companhia de pratos mais equilibrados no sabor e na textura.

Os grandes vinhos tintos de guarda costumam ganhar com a decantação antes de serem servidos. A oxigenação revigora seus componentes e aromas. Isso não só dignifica o ritual de abertura do vinho, como permite eliminar os sedimentos (borras), que aparecem naturalmente e se acumulam no fundo da garrafa.

CHATEAU
DE
POURCIEUX
COTES DE PROVENCE
2007

Vinhos rosados e comida

Durante muito tempo, os vinhos rosados foram vítimas de preconceito por parte do consumidor. Muitos o consideravam um vinho indefinido, nem tinto nem branco, e não o viam como possuidor de personalidade própria. Na verdade, a maioria dos exemplares presentes no mercado também não ajudava. Eram vinhos adocicados, diluídos e nem sempre com boa acidez. A imagem ainda permanece, mas, nos últimos anos, o rosé passou por saudável renovação e chegou até a virar moda nos Estados Unidos e em países da Europa. Talvez muitos não se lembrem de que os brasileiros já tomaram muitos rosados, como o Mateus Rosé. Agora, a nova onda está aportando também por aqui.

De modo geral, os rosés não são vinhos feitos para guardar. Alegres e refrescantes, são melhores quando jovens. Assim como os brancos e tintos, são elaborados em diferentes estilos. Há, basicamente, duas famílias de rosados. Uma delas se traduz em vinhos leves, ligeiros, com acidez marcada, refrescantes, fáceis de beber. A outra é representada por rosés mais estruturados, com mais corpo e peso, em que a acidez também deve ser adequada. Ao se tornarem mais secos e acídulos, os rosados passaram a ter maior abertura para a gastronomia. Por sua personalidade múltipla, combinam com grande variedade de pratos, dos leves aos de peso médio.

Curiosamente, a cor não é indicativa do peso do vinho. Há rosés de coloração mais intensa, de cereja, que parecem encorpados; na boca, nota-se que são leves, às vezes, diluídos. Ao contrário, vinhos claros, da cor do salmão ou da casca da cebola, podem nos enganar ao se mostrarem bem estruturados e com corpo. Para a definição do estilo, importa mais o processo de vinificação e as uvas que deram origem ao rosado que sua coloração.

Métodos e castas

A cor vermelha, menos ou mais intensa, é dada pelos pigmentos presentes na pele das uvas tintas dissolvidos no vinho quando o mosto é fermentado em contato com as cascas. Antigamente, e ainda hoje, nos rótulos de menor classe, os rosados resultavam da simples mistura de um pouco de vinhos tintos e brancos já prontos, em proporções que dependiam da cor final desejada. Quase sempre os rosados não eram bem integrados ou equilibrados.

Alguns produtores da França e da Espanha fazem o rosado quase como um subproduto de tintos. No início da maceração, eles retiram uma parte do mosto, deixando menor quantidade de líquido para a mesma porção de cascas e outros sólidos, o que reforça o conjunto restante. Com a sangria, elaboram o rosé. Mas, atualmente, a maioria já é fermentada em rosé, a partir de uvas tintas. O líquido fica junto com as cascas e sólidos por algumas horas, até alcançar a cor, a estrutura e o perfil desejados. Em seguida, é feita a separação, e a vinificação do mosto prossegue como a dos brancos.

O rosado apresenta características diferentes, dependendo da casta que lhe dá origem. Os vinhos elaborados com a Cabernet Sauvignon são normalmente mais tânicos e ligeiramente amargos; os da Syrah e da Malbec, mais suaves e frutados.

Versatilidade

Por sua natureza, os bons rosados são bastante versáteis. Fazem agradável companhia para pratos de sabor e untuosidade médios. Podem acompanhar tanto um assado de cordeiro com verduras grelhadas com ervas como uma salada mediterrânea, uma massa com ervas ou uma sopa de pescados.

São ideais para saladas verdes com roast beef, sopas frias, como o gaspacho, e vão muito bem com a clássica paella. O caráter frutado dos vinhos rosados também nos permite refrescar o paladar de alimentos muito salgados, como o queijo de cabra ou o presunto cru.

Cada vez mais, os consumidores escolhem esses vinhos de cor impressionista, muito bons para os dias quentes.

ÁREAS DE CULTIVO

O sul da França é conhecido pela grande concentração de rosés. A Provença é a região produtora mais tradicional – cerca de 70% de seus vinhos são rosados. Oferece tanto vinhos leves como aqueles mais estruturados, à base da Grenache, da Cinsault ou da Mourvèdre. O Languedoc também se lança nos rosés, no estilo mais rústico. Na região do Rhône, Tavel oferece rosés mais potentes, da Grenache e da Mourvèdre, capazes de suportar pratos com maior substância. No Loire, é bastante conhecido o rosé d'Anjou, mais seco. Bordeaux contribui com rosados secos e elegantes.

Começam a aparecer bons exemplares em diversas áreas de Portugal, do Douro ao Alentejo, feitos com as castas locais, principalmente com a Touriga Nacional. Na Espanha, produtores de prestígio apresentam vinhos robustos, feitos especialmente com a Garnacha. Na Itália, Toscana e Alto Adige dedicam alguma atenção ao rosé, feito com a Sangiovese.

A moda atingiu igualmente o Novo Mundo. A Califórnia cultiva antiga admiração pelos rosés, lá chamados de Blush, muitos deles feitos com a Zinfandel. Já existem exemplares expressivos na Argentina (a partir, principalmente, da Malbec). No Brasil, muitas vinícolas elaboram rosados, embora não alcancem o mesmo nível que os brancos.

FOCOS DE HARMONIZAÇÃO

Boa harmonização

- Nos dias quentes, o rosé refrescado vai bem como aperitivo ou no lanche leve.
- Os rosés mais leves acompanham bem os peixes delicados. Os mais estruturados acomodam-se com peixes mais gordurosos e com molhos densos de carnes magras, massas e pizza. Esses pratos poderiam ser densos demais para um branco ou atropelados por um tinto. O rosé cai na medida certa.

- Com saladas verdes de modo geral e saladas de frutos do mar.
- Com carpaccio de peixe, de palmito fresco ou de carne.
- Com camarões e lula fritos.
- Com queijos macios e não muito picantes.
- Com frios e embutidos. O rosé destaca os sabores e aromas dos frios, deixa uma leve adstringência e ainda ajuda a lavar a boca da gordura e das proteínas ingeridas.
- Os rosés de Tempranillo combinam bem com tapas, berinjelas e bacalhau.
- Com a culinária thai e oriental. Os pratos da culinária tailandesa, bastante temperados, são um desafio para boa parte dos vinhos. Pela acidez e leve adstringência, os rosados podem dialogar à altura.

Harmonização mais difícil

- Não arrisque com carnes de sabor forte.
- Com queijos de sabor acentuado. Queijos intensos ou gordurosos pedem vinhos com maior acidez e corpo menor, mas o rosado, apesar de ter essas características, não se encaixa bem.
- Com pratos adocicados. A cor rosada pode pressupor que o vinho seja adocicado, mas os melhores para as comidas adocicadas são os vinhos secos.

À MESA

O ratattouille, prato típico da Provença, que leva berinjela, abobrinha, pimentão, cebola e alho refogados em azeite de oliva faz parceria com o seco rosé local. Outro casamento regional no sul da França se dá com a bouilabaisse, tradicional sopa espessa de peixes e frutos do mar, com vários tipos de pescado.

Aqui entre nós, há receitas de peixes mais elaboradas, como uma caldeirada de peixe e mariscos, uma moqueca com leite de coco, pratos tradicionalmente servidos com vinhos brancos, mas, por serem substanciosos e bastante temperados, podem ser escoltados perfeitamente por um rosado de boa cepa.

Também vem a calhar um risoto com camarões e morango, que leva vinho rosé em sua preparação. O camarão, de sabor pronunciado, e o delicado morango, adocicado, formam contraste, completado pelo vinho. Papardelle com salmão vai na mesma linha: uma massa com boa textura e um peixe de sabor destacado e com alguma gordura. Um tinto seria demais. O rosado tem estrutura para o prato e leve adstringência.

Espumantes

A imagem do Champagne e de outros espumantes naturais sempre esteve associada a celebrações, a comemorações ou a coquetéis. Deve-se destacar, porém, que os espumantes também possuem grande afinidade com comida e podem se tornar ótimos acompanhando um prato. Quando bem-feitos, são maravilhosos, tanto os maduros, com seus aromas de frutas secas e pão, quanto os joviais, cítricos e refrescantes.

Além do champanhe, termo reservado exclusivamente para os vinhos efervescentes produzidos na região francesa de Champagne, há espumantes produzidos em praticamente todos os países vitícolas. São os vins mousseux, sparkling wine, spumanti, cava ou sekt. Todos eles ostentam em comum as borbulhas, provenientes de uma segunda fermentação.

Basicamente, os espumantes naturais nascem de dois tipos de vinificação. Em ambos, parte-se de um vinho-base, em que a fermentação já se completou totalmente, e que, por esse motivo, é chamado de vinho tranquilo. Durante a fermentação alcoólica, o gás carbônico que se forma no processo escapa pela parte superior dos reservatórios ou tanques. Na produção do espumante, o vinho-base sofre uma segunda fermentação em ambiente fechado, que retém o anidrido carbônico. É ele o responsável pela formação da espuma, das borbulhas e da pressão que faz a rolha voar longe. É um processo absolutamente natural, daí o nome de espumantes naturais. Em produtos de qualidade inferior, a efervescência é obtida com a injeção de gás artificial.

Na região de Champagne, o vinho-base é colocado em garrafas muito resistentes, recebe um mistura de açúcar e leveduras e faz, ali, a segunda fermentação. É o método champenoise. A quantidade de gás carbônico dentro da garrafa origina uma pressão de até seis atmosferas, isto é, até seis vezes maior que a de fora dela, o que explica o estouro da rolha quando aberta. Em outras regiões, esse método é chamado clássico ou tradicional. Em outro processo, chamado de charmat, o vinho-base faz a segunda fermentação em autoclaves, grandes tanques de aço inox fechados. Na hora de ir para o mercado, o espumante recebe a adição de uma mistura chamada liqueur d'expédition, que determina se a bebida terá menos ou mais açúcar, dando origem aos tipos brut, démi-sec, meio-doce e doce. O espumante pode ser branco, rosé ou mesmo tinto.

ÁREAS DE CULTIVO

O champanhe, como o conhecemos atualmente, foi desenvolvido por Dom Pérignon e pelos monges da abadia francesa de Hautvillers, em Champagne. Os vinhos borbulhantes produzidos no solo calcário da região costumam ser complexos e elegantes. Na Champagne, há três uvas autorizadas, as tintas Pinot Noir e Pinot Meunier e a branca Chardonnay – lembrando que vinhos brancos podem resultar de uvas tintas quando o mosto é fermentado sem a presença das cascas, responsáveis pela cor.

Em outras partes da França, os vinhos espumantes também são produzidos utilizando o método tradicional. No entanto, os produtores, normalmente, usam cepas diferentes, e os vinhos não trazem o caráter dos de Champagne. Os outros espumantes franceses são rotulados como vins mousseux e crémant (por exemplo, Crémant d'Alsace e Crémant de la Loire) e também são de ótima qualidade.

Na Espanha, os espumantes naturais são conhecidos como cava, e os melhores provêm do Penedés, na Catalunha, a maior produtora de vinhos espumantes pelo método tradicional. De estilo mais rústico, sabor único, com aromas minerais, terrosos e de especiarias, o cava utiliza as uvas nativas espanholas Xarel-lo, Viura e Parellada. Normalmente, esses espumantes apresentam boa relação qualidade-preço.

A indústria de espumantes na Itália apresenta grande variedade de vinhos. Os de maior classe são os Franciacorta, apelação situada na província de Bréscia, na Lombardia. O vinho-base, muitas vezes, é corte de Chardonnay e Pinot Noir, e a vinificação segue o método tradicional. Outra concentração de espumantes localiza-se na região noroeste do Piemonte, nas redondezas da cidade de Asti. O Asti Spumante, à base da uva Muscat, é, na maioria das vezes, mais doce que os outros espumantes e rico em aromas cítricos e florais, que lembram lechia, damasco e tangerina. É originário de um método de produção diferente, em que se faz uma única fermentação, mas em tanques fechados, como no processo charmat, que preserva os aromas mais frescos e primários da uva. Um parente com um pouco menos de borbulhas é o Moscato d'Asti, que tem um perfil aromático semelhante, com uma menor quantidade de gás.

Também bastante conhecido é o Prosecco, produzido pelo método charmat. Feito com as uvas de mesmo nome, o Prosecco é produzido, majoritariamente, no Vêneto e, ainda, no Friuli-Venezia Giulia e no Trentino-Alto Adige. Mostra-se um pouco mais seco na boca que o Asti, com nuances terrosas e notas de peras e maçãs.

Há mais dois métodos menos conhecidos para se produzirem as borbulhas no vinho. O processo chamado transfer, pouco utilizado atualmente, é similar ao método tradicional, mas o vinho é removido da garrafa, após a segunda fermentação, e conduzido a um tanque que suporta a pressão, para ser filtrado (ou seja, para a eliminação das leveduras e dos sedimentos) e, em seguida, engarrafado novamente.

O outro método é o chamado contínuo, no qual a segunda fermentação ocorre numa série de tanques pressurizados, em que são adicionadas leveduras vivas, continuamente, de forma a conduzir a fermentação também de forma contínua. É uma técnica eficiente, rápida e econômica, que vem sendo empregada principalmente na Alemanha e em Portugal. Na Alemanha, são utilizadas muitas variedades de uva, destacando-se a Riesling para os espumantes de maior qualidade. A maioria dos espumantes alemães é rotulada como Sekt. Em Portugal, aparecem, na fórmula, as brancas Arinto e Fernão Pires ou as tintas Baga e Castelão Francês. Os Estados Unidos e a Austrália também oferecem bons espumantes, conhecidos como sparkling wines.

América do Sul, Chile e Argentina produzem espumantes, com destaque para esta última. O Brasil não fica atrás. Nosso país parece ter um clima privilegiado para a elaboração de vinhos efervescentes. Segundo muitos enólogos, daqui e de fora, é o vinho que mais se adapta às condições climáticas da serra gaúcha. Mostram grande frescor e vivacidade, trazidos principalmente pelas cepas brancas Chardonnay e Riesling. O excesso de chuvas no período de desenvolvimento e colheita dos cachos dificulta o total amadurecimento das uvas, deixando-as com muita acidez. Mas o que seria um defeito para alguns vinhos torna-se qualidade no espumante nacional.

Na serra gaúcha, a Pinot Noir também não é muito concentrada na cor – o que é ruim quando se destina a um vinho tinto e bom quando ela é vinificada em branco para compor um espumante. Para compensar a pouca acidez, a Pinot gaúcha é colhida um pouco antes do ponto ideal de amadurecimento.

ESTILOS

Dependendo do tipo de comida que se quer fazer acompanhar, devemos distinguir os estilos de espumantes. Os que têm grande porcentagem da Chardonnay podem apresentar aromas mais delicados, notas florais e fineza. Esse tipo de espumante é um blanc de blancs, elaborado 100% com uvas Chardonnay, cuja leveza e frescor o convertem em ideal para tomar como aperitivo ou acompanhar ostras e crustáceos.

Um espumante elaborado com a Pinot Noir, blanc de noir, como se diz, costuma exibir mais estrutura e corpo. A maioria, tanto em Champagne quanto em outras regiões, é um assemblage de uvas brancas e tintas. Os espumantes jovens são frutados e refrescantes. Quando envelhecidos, o contato com as leveduras e borras lhes dá complexidade e elegância.

Atualmente, se produz uma quantidade considerável de vinhos espumantes adocicados. O grau de doçura é determinado pelo licor de expedição, adicionado à garrafa com maior ou menor quantidade de açúcar antes do arrolhamento. Os espumantes podem ser rotulados como brut, extra dry (12 a 20 gramas de açúcar por litro), sec (17 a 35 gramas), demi-sec (doce) ou doux (extremamente doce). Os três últimos são apropriados para sobremesas, desde que estas não sejam muito doces.

AROMAS

Frutas	cereja, limão, limão-siciliano, cítricos (grapefruit, laranja), maçãs, pêras, abacaxi, maracujá, lichia, framboesa, morango e pepino
Flores	seiva, rosa, gardênia, frésia, flor de maçã, flor de limão e menta
Terrosos	mineral, calcário, poeira e cogumelo
Envelhecimento	torrada, brioche, baguete, biscoito, avelã, amêndoa, noz, baunilha, nougat, biscoito de gengibre, frutas secas e café
Outros	leveduras, creme de leite, iogurte natural, mel, tabaco e manteiga derretida

FOCOS DE HARMONIZAÇÃO

Boa harmonização

- Para equilibrar o sal, a pimenta (desde que moderada), cremes espessos e gordurosos, manteiga e frituras.
- Com peixes ou frutos do mar, como substituto de qualquer cítrico.

- Com sushi, sashimi, ostras, ceviche e alguns caviares.
- Com pratos de maior acidez: cítricos ou outras frutas ácidas, vinagres, romãs, endro, alcaparras, tomates, alho-poró e abobrinha.
- Com preparações latinas (empanadas, ceviche e mole) e caribenhas.
- Com cozinhas asiáticas, como a japonesa (sushi e tempurá), a chinesa (frituras, frutos do mar e aves), a tailandesa (crepes, fish cakes, curry com leite de coco) e a indiana (samosas).*
- Os estilos mais frutados do Novo Mundo são mais adequados.
- Com muitos queijos, especialmente os duros, como o parmesão; os ricos, como o St. André; e os salgados, como o feta.
- Com pratos crocantes, como frituras ou empanados.
- Com pratos de caráter tostado, como os canapés com torradas ou pratos com massa folhada.
- Com pratos com leve doçura ou condimentos levemente doces.
- Para acompanhar pratos difíceis de combinar com outros vinhos, como pratos à base de ovos e sopas.

Harmonização mais difícil

- Com pratos muito ricos ou muito encorpados e aromáticos, que passam por cima dos espumantes; com pratos muito condimentados ou apimentados, que os desequilibram.
- Com pratos muito doces, a menos que se harmonizem com estilos mais adocicados de espumantes.

* Pastel em formato triangular, como uma esfirra fechada, recheada com batata, cebola, coentro, queijo e ervilha; faz sucesso entre os ingleses.

- Com ingredientes muito fortes, como peixes de gosto forte ou com vegetais amargos (escarola, radicchio), que podem deixar o vinho com sabor metálico.
- Com carnes vermelhas fortes. Atualmente, harmonizam-se espumantes rosés com carnes, mas nem sempre eles são complementares.

À MESA

Experimente acompanhar espumante com rolinhos de ameixa ou figo com bacon. Também vai bem uma entrada feita com torrada coberta por fatias de salmão ou surubim defumados, temperada com um molho à base de azeite, limão, sal, ervas e pimenta. Os mesmos peixes podem ser os ingredientes de uma magnífica salada. O espumante costuma ter acidez mais elevada que os outros vinhos, o que o torna perfeito para escoltar peixes mais gordos, como o surubim e o salmão. O prato fica melhor se for um champanhe ou outro espumante envelhecido, pois seus aromas tostados vão completar o defumado dos peixes.

Uma salada de folhas e frutos do mar fará ótima parceria, por exemplo, com um Franciacorta Brut jovem, sem passagem pela madeira. O prato, sutil, revela bom equilíbrio de aromas e sabores ao mesclar peixes, frutos do mar, alface e rúcula. Pede um vinho delicado, com bom frescor, aromas limpos, recordando maçãs e frutas cítricas. A acidez do vinho equilibra o sabor dos mariscos, enquanto o perfume faz bom casamento com o molho leve e elegante.

MILLÉSIME
2004
BRUT

LATE
HARVEST
2006
MENDOZA ARGENTINA
500 ML
UCO VALLEY
FINCA LA CELIA

Vinhos de sobremesa e fortificados

Com algumas exceções, os consumidores não costumam prestar atenção aos vinhos de sobremesa, o que é uma pena, pois muitos deles podem ser de altíssima qualidade. Ricos, opulentos, untuosos e doces, às vezes podem ser até bebidos sozinhos, pois são a própria sobremesa. Mas é preciso cuidado: vinhos doces podem se tornar enjoativos se não forem compensados com uma boa acidez. É esse equilíbrio que se deve buscar.

Há diferentes maneiras de se produzir um vinho doce. A incidência de açúcar aumenta quando a uva é deixada mais tempo no pé e a colheita é retardada. Alguns micro-organismos atacam os bagos, fazendo sair a água e concentrando o açúcar. Colocar o cacho para secar ao sol é uma forma de tornar a uva passa. Outros vinhos, os fortificados, tornam-se doces quando a fermentação é interrompida pela adição de aguardente vínica. Os rótulos dão uma pista sobre o tipo de vinho de sobremesa ao trazer indicações como late harvest, vendange tardive, botrytizado, moelleux, licoroso, doce, doux e assim por diante.

Eles podem ser brancos ou tintos. Alguns desses vinhos, como os fortificados, têm gradação elevada, até 22% de álcool por volume. Isso não quer dizer que sejam menos ou mais doces. Um colheita tardia alemão, que normalmente não chega aos 10% de álcool, pode ser mais doce que outro, com gradação de 15%.

Os estilos de vinhos de sobremesa podem ser diferenciados por uva, por país ou por região. É exatamente o estilo a melhor referência para se conhecer um vinho desse tipo e avaliar qual a melhor harmonização com comida.

Colheita tardia

É um dos mais conhecidos estilos de vinhos de sobremesa, elaborado com as uvas colhidas mais tardiamente (em inglês, late harvest). No passado, os viticultores ainda não tinham acesso à tecnologia e não conseguiam colher todas as uvas ao mesmo tempo. Como resultado, alguns cachos eram retirados depois da época correta e se tornavam uvas-passas presas à videira, o que conferia um alto teor de açúcar aos frutos. Durante a fermentação, as leveduras morriam quando o teor alcoólico chegava a 18%-19% vol., e o processo de transformação era interrompido. Como as uvas ainda continham muito açúcar internamente, o vinho tornava-se naturalmente doce. Para conseguir uvas com elevado teor de açúcar, os produtores retardam a colheita ao máximo, especialmente em regiões secas, em que a chuva não coloca a safra em risco.

Há também a técnica que consiste em cortar parcialmente o cabinho que prende o cacho e deixá-lo secando na videira, o que também concentra os açúcares e sabores. No entanto, essa desidratação nem sempre mantém o equilíbrio natural da uva, podendo originar um vinho enjoativo. A uva-passa pode perder toda a acidez e tornar-se basicamente açúcar.

Uma descoberta acidental na França permitiu produzir um excepcional vinho de colheita tardia, pelo processo conhecido como podridão nobre (pourriture noble, em francês; edelfäule, em alemão; e muffa, em italiano). O fungo chamado *Botrytis cinerea* se desenvolve principalmente nos vinhedos de regiões com condições climáticas adequadas, geralmente vales ao longo de rios, onde as manhãs têm névoas e as tardes são secas e quentes. Esse fungo age na superfície da uva fazendo pequenos furos na casca, que permitem que a água do interior do fruto evapore sem afetar os aromas e a acidez.

Apesar de desejada, a botrítis não ataca todos os colheita tardia e, por isso, normalmente os rótulos indicam se o vinho foi atacado pelo fungo ou não. Mesmo que um rótulo não traga essa informação, é possível reconhecer um vinho botrytizado por apresentar muitas características de mel, intercaladas com uma complexa nuance de frutas. Exemplos clássicos de vinhos botrytizados são o Sauternes francês, o Beerenauslese e o Trockenbeerenauslese alemães e o Tokaji Aszú húngaro.

ESTILOS E ÁREAS DE CULTIVO

Os vinhos de colheita tardia são mais comumente encontrados na Europa. Na França, muitos vinhedos são atacados pela botrítis. O branco mais emblemático produzido por esse processo é o Sauternes, que leva o nome de uma sub-região de Bordeaux. Sémillon e Sauvignon Blanc são as uvas que entram em sua composição. Na mesma área, há vinhos botrytizados nas apelações Barsac, Cérons, Ste. Croix-du-Mont e Cadillac, a partir de um corte de Sémillon, Sauvignon Blanc e Muscadelle. Esse trio mágico, que também produz bons vinhos secos, tem sido modelo para outras áreas ao redor do mundo, como Austrália e Califórnia.

No vale do Loire, também na França, a uva Chenin Blanc é colhida tardiamente nas regiões de Anjou e Quarts de Chaume, entre outras. A alta acidez natural dessa variedade a torna grande candidata a vinhos de sobremesa, visto que a acidez é um requisito fundamental para o equilíbrio do conjunto. Apresenta aromas de maçã seca, laranjas secas, marmelo com toques de baunilha; os vinhos dessa variedade podem envelhecer por décadas.

No nordeste francês, na Alsácia, os colheita tardia, lá chamados de Vendange Tardive, são feitos a partir das uvas Riesling, Pinot Gris, Gewürztraminer e Muscat. É um estilo menos doce, que se harmoniza muito bem com pratos saborosos. O outro estilo, chamado Sélection des Grains Nobles, pode ser bem doce, e os bons exemplares se harmonizam muito bem com queijos e sobremesas.

A Itália possui igualmente conhecidos vinhos de sobremesa. São identificados como passito (de uva passificada), dolce, amabile e abboccato (menos doce que o dolce e o amabile). Há ainda alguns colheita tardia interessantes, feitos a partir de uvas brancas, conhecidos como recioto. Alguns dos melhores vinhos doces italianos são produzidos na região norte, especialmente no Vêneto, local do complexo e untuoso Recioto di Soave. Outro bom exemplo do norte da Itália é o Picolit, fruto de uma uva da região do Friuli-Venezia Giulia e da Moscato, de Trentino-Alto Adige.

Na região do Vêneto, há um vinho passito tinto, o Recioto della Valpolicella, que apresenta aromas de passas pretas, almíscar e chocolate amargo. A Toscana oferece o Vin Santo, um passito feito de uvas que, depois de colhidas, são postas para secar ao sol sobre esteiras, antes de serem vinificadas. Apresenta aromas marcantes de laranja e açúcar mascavo. Indo para o sul, a Sicília e a ilha de Pantelleria produzem famosos passitos a partir de clones locais da Malvasia e da Muscat, com aromas de marmelo, flores e camomila.

Muitos especialistas consideram a Alemanha o lar de alguns dos mais finos vinhos de sobremesa do mundo. O Auslese, vinho de colheita tardia de uvas selecionadas, o Beerenauslese produzido com uvas individualmente selecionadas (literalmente, uva a uva) e, geralmente, atacadas por podridão nobre e o Trockenbeerenauslese, um colheita tardia mais rico, atacado pela botrítis, cujas uvas foram deixadas na videira para desidratar, são 100% varietais, normalmente da Riesling e podem ser considerados um néctar de aromas e sabores de damascos, pêssegos maduros e peras secas. Na Hungria, há o famoso Tokaji, feito a partir de uvas locais, principalmente a Furmint, igualmente sujeita à podridão nobre. Esses vinhos são caracterizados pela tradicional medida de puttonyos – quantidade de cestas (puttony) com pasta de uvas doces adicionada ao vinho. É essa quantidade que vai determinar, no fim, o nível de doçura do vinho. A classificação parte de três puttonyos e vai até o superdoce seis puttonyos.

Têm surgido alguns colheita tardia interessantes na Austrália (especialmente da Sémillon e da Muscat), nos Estados Unidos (Califórnia e Washington), na Nova Zelândia, na África do Sul e na América do Sul.

O aumento da demanda por vinhos botrytizados levou alguns países a tentar obter o fungo artificialmente. Depois de colhidas, as uvas são pulverizadas com esporos de botrítis em um ambiente fechado, onde se busca simular as condições climáticas naturais (manhãs nevoentas e tardes quentes e secas) em que o micro-organismo se desenvolve. Ocorre que a botrítis provoca fenômenos químicos tão complexos que não se sabe, em detalhes, como se dá todo o processo, e ninguém conhece exatamente seu funcionamento. Desse modo, a botrytização artificial (ou induzida) não produz um vinho no mesmo nível de qualidade que a natural.

Eiswein

Dos vinhos estilo colheita tardia, decorre esta categoria especial: Eiswein ou Icewine, que é mais uma obra do acaso. Na Alemanha, certa vez, os cachos foram deixados para colheita tardia e, durante esse período, ocorreu uma nevasca. As uvas foram colhidas congeladas e levadas para a vinícola, onde, ao ser feito o desengaçamento, verificou-se que a água (em forma de cristais congelados) poderia ser separada do sumo extremamente congelado. O líquido, quando fermentado lentamente, deu origem ao Eiswein.

Esse estilo de vinho, normalmente botrytizado, é produzido em climas muito frios, como os de algumas regiões da Áustria, do Canadá (Ontário), dos Estados Unidos (Nova York e Michigan) e da Alemanha. É um processo que pode ser reproduzido artificialmente congelando-se as uvas. O resultado, porém, dificilmente se iguala aos obtidos naturalmente.

Vinhos fortificados

São assim denominados por causa da adição de álcool, ou aguardente vínica, em algum momento da fermentação. São vinhos com mais corpo e riqueza, com teor alcoólico de 16% a 24% vol., diferentes dos vinhos tranquilos, que chegam ao máximo até 14,5% ou 15% vol. Podem ser secos, meio-doces ou doces. Os vinhos fortificados também nasceram ao acaso. No século XVIII, os ingleses decidiram procurar outros fornecedores fora da França, com a qual estavam em guerra. Os portugueses e os espanhóis eram a melhor opção.

Tintos da região do Douro começaram a ser embarcados para a Inglaterra. Por sua estrutura frágil, muitos não suportavam as agruras da viagem e desandavam. Para estabilizá-los, surgiu a ideia de adicionar a eles aguardente vínica, um destilado do próprio vinho. Num determinado ano quente, as uvas do Douro, supermaduras, apresentavam elevado teor de açúcar, e as leveduras nem conseguiam completar a transformação. Ao se adicionar o álcool para estabilizar o vinho, exterminaram-se as leveduras que ainda estavam agindo, deixando o vinho com açúcar residual, juntamente com alto teor alcoólico. Os ingleses adoraram; e estava criado o vinho do Porto.

Com o passar do tempo, o Porto sofreu muitos aperfeiçoamentos. Hoje, a aguardente vínica é incorporada durante a fermentação, preservando conscientemente o açúcar residual. Em linhas gerais, o vinho divide-se em duas famílias de acordo com o tipo de envelhecimento. Uma é a dos Tawnies (aloirados), em que o repouso do vinho em barricas pequenas favorece sua oxidação, por ação do ar através dos microporos da madeira. Pertencem a esse grupo os Tawnies correntes, os complexos Tawnies envelhecidos, com indicação de idade (10, 20, 30 e 40 anos) e os Colheita. A segunda família é a dos Portos em que se pretende preservar a fruta e nos quais a madeira exerce pouca ou nenhuma influência. Estão nesse grupo o Ruby corrente, o Late Bottled Vintage (LBV) e o Vintage, top de linha, produzido apenas em anos excepcionais. Engarrafado aos 2 anos de idade, o Vintage envelhece lenta e gloriosamente no ambiente redutor.

O vinho Madeira, elaborado no arquipélago português da Madeira, junto às costas da África ocidental, também integra o ramo dos fortificados ou generosos. Sua origem é semelhante à dos demais. Na época das grandes navegações, as caravelas se abasteciam de vinho na ilha da Madeira antes de seguir para as Índias e para o Novo Mundo, recém-descoberto. Para enfrentar as agruras da viagem, eram reforçados com aguardente vínica. As barricas atravessavam os calorosos trópicos, e, no retorno, muitas vezes o vinho estava melhor do que ao deixar a vinícola. Por isso, eram chamados de Torna-Viagem.

Terminado o ciclo das caravelas, os produtores passaram a amadurecer o vinho em estufas para alcançar os mesmos resultados. O Madeira agora fica três meses em tanques a uma temperatura entre 45 °C e 50 °C, o que lhe proporciona envelhecimento precoce e estilo oxidado. Vale a pena conhecer os aromas amendoados do seco Madeira Sercial e os de cítricos confeitados e de bolos de frutas presentes no meio-doce Boal e no doce Malmsey.

A nobre trilogia dos fortificados em Portugal é completada pelo Moscatel de Setúbal, oriundo da península de Setúbal, a partir das uvas Moscatel, Boal e Malvasia. A fermentação é interrompida pela adição de aguardente vínica quando ainda restam no mosto cerca de 90 gramas de açúcar por litro. O vinho torna-se doce, untuoso, com cerca de 18% vol. Envelhece divinamente em tonéis de madeira usada, adquirindo tonalidade de caramelo e aromas de mel e frutas secas.

O Jerez espanhol (Xérez ou Sherry, como dizem os ingleses) é igualmente fortificado. Nasce nas regiões de Jerez de la Frontera, Sanlúcar de Barrameda e Puerto de Santa Maria, no extremo sul do país. Na maioria dos tipos em que se divide, a fermentação sempre é conduzida até o fim, resultando num vinho seco. Mas há também brancos doces, em que um vinho adocicado é acrescentado após a fortificação para torná-lo uma bebida de sobremesa.

A principal marca do Jerez é o sistema de amadurecimento (crianza) pelo processo de criaderas e soleras, em que um conjunto de barris de carvalho americano de 600 litros cada um (botas) é empilhado em forma de pirâmide. Cada tonel recebe 500 litros de vinho, de modo que o espaço restante fique cheio de ar. As barricas superiores, a segunda criadera, recebem o vinho mais jovem. No meio, ficam as barricas chamadas de primeira criadera. Junto ao solo, as soleras, com vinho de mais idade.

A crianza acontece por transferências. Da solera, retira-se uma parcela de vinho para ser engarrafada imediatamente. A quantidade que sai é reposta com vinho da primeira criadera, por sua vez completada pelos tonéis da parte de cima. E na segunda criadera coloca-se vinho novo, do ano. O ciclo todo dura cerca de três anos. Há vários tipos de Jerez produzidos pelo mesmo sistema. Cada um deles é separado desde o início, de acordo com as características do vinho-base, recebe uma quantia diferente de aguardente vínica – o encabeçamento – e passa por um processo específico de amadurecimento.

De modo geral, há três famílias. Os lotes de vinho-base mais leve e limpo são encabeçados com aguardente até 15% vol. e sofrem maturação biológica. As leveduras presentes no local sobrevivem em presença do ar e, ao se desenvolverem, formam um véu branco na superfície do vinho, chamada flor, que o isola e protege da oxidação. É o Jerez do tipo Fino, aromático e quase sempre seco. Se produzido na região de Sanlúcar de Barrameda, é registrado como Manzanilla. Quando o vinho-base é mais estruturado, é encabeçado com 18% de álcool por volume, criando um ambiente em que as leveduras não proliferam. Resulta daí o Oloroso, seco e bastante aromático.

O Amontillado é o terceiro tipo. Com encabeçamento de 17,5% vol., nasce de um processo intermediário entre o aeróbico e o biológico. É leve, com aromas menos intensos. Um estilo à parte é o raro Palo Cortado, seco e elegante. No caso do Jerez doce, temos o Cream, o Pale Cream e o untuoso e denso Pedro Ximénez, elaborado com a uva de igual nome.

A Espanha oferece dois outros vinhos licorosos. O Montilla-Moriles, criado na zona de Córdoba, sul do país, é semelhante ao Jerez e feito com a casta Pedro Ximénez. Existe nos tipos secos Fino, Amontillado, Oloroso, Palo Cortado, Raya e Ruedo e no doce Pedro Ximénez. O Málaga é mais conhecido. Vem da Costa del Sol, onde fica a cidade que lhe empresta o nome a partir das variedades Pedro Ximénez e Moscatel de Alexandria, deixadas ao sol para secar. É um vinho de cor escura e bastante doce, com cerca de 350 gramas de açúcar por litro.

Na Itália, encontramos muitos estilos de vinhos fortificados, sendo o Marsala, da Sicília, o mais conhecido. Para muitos, o Marsala se refere a um vinho barato utilizado para deglacear panelas (adicionar um líquido para retirar o extrato sólido) e produzir o molho que leva o nome da bebida. É um engano. Há Marsalas de grande qualidade, sublimes, que vão, como o Jerez e o Madeira, do estilo seco ao muito doce.

Mas não acaba aí a família dos vinhos de sobremesa. Um estilo mais leve de vinho fortificado é o Vin Doux Naturel (VDN), em que um destilado neutro ou brandy é adicionado ao mosto durante a fermentação para se conservar a doçura e elevar o teor alcoólico para moderados 14% vol. Os principais VDN vêm da França e podem ser feitos a partir de várias uvas. Da Muscat, originam-se o Muscat de Beaumes-de-Venise (o mais interessante), nas Côtes du Rhône-Village; o Muscat de Frontignan, no Languedoc; e o Muscat de Rivesaltes, no Roussillon. E, da Grenache, vem o Banyuls, tinto famoso por se dizer que enfrenta o desafio da difícil harmonização com chocolate, e o Maury – ambos na área do Languedoc-Roussillon.

Na Austrália, há alguns vinhos fortificados interessantes, como os de Rutherglen. São feitos normalmente à base da Muscat e apresentam aromas de caramelo ao leite, uvas-passas e bala de cevada.

AROMAS

Colheita tardia	
Frutas	damasco, pêssego, nectarina, maçã, pera, salada de fruta, calda de maçã, marmelo, abacaxi, manga, banana, marmelada, figo, ameixa, lechia, goiaba e cítricos confeitados
Flores	acácia, ervas frescas e açafrão
Terrosos	mineral e pedras
Madeira (carvalho)	caramelo, baunilha, canela, cardamomo, noz-moscada, cravo e chocolate
Outros	baunilha
Fortificados	
Frutas e vegetais	mirtilo, cereja, cassis, ameixa, passas, figo, tangerina, mexerica, lechia e abóbora
Flores	anis, menta, mentol, violeta, lavanda, palha e rosas
Terrosos	trufa
Madeira (carvalho)	chocolate, café, açúcar mascavo, melaço, coco, baunilha, canela, cravo e noz-moscada
Outros	marzipã e nozes

FOCOS DE HARMONIZAÇÃO

Com os inúmeros estilos dos vinhos de sobremesa, é complicado levar os métodos de cocção em consideração. É interessante focar mais nas combinações dos ingredientes e nas texturas do que observar o preparo. O agrupamento foi feito em função dos ingredientes principais.

Cítricos e sobremesas com frutas tropicais

Essas sobremesas combinam com espumantes adocicados e com vinhos colheita tardia.

- Frutas confeitadas e cítricas desidratadas valorizam vinhos botrytizados.

- Um toque de baunilha ajuda as frutas tropicais a combinar com vinhos que passaram por carvalho e com os passitos; também combinam bem com esses vinhos o caramelo, o açúcar caramelizado e as especiarias doces (canela e noz-moscada).
- Os fortificados não combinam com sobremesas à base de frutas tropicais ou com cítricos. Exceção feita ao vinho Madeira, que muitas vezes apresenta aromas de limão.

Frutas vermelhas e negras

Essas sobremesas combinam com espumantes adocicados, com alguns colheita tardia e com alguns fortificados.

- Sozinhas ou predominantes na sobremesa, frutas vermelhas e negras combinam melhor com espumantes ou com um colheita tardia.
- Quando utilizadas como um detalhe na sobremesa, a harmonização é mais flexível. Por exemplo: uma tuile com frutas negras e vermelhas com um molho cremoso combina bem com um colheita tardia. Um zabaione ou uma mousse vão bem com um vinho botrytizado. Uma sobremesa de chocolate com molho coulis (feito à base de frutas vermelhas) combina com um Porto.
- Essas frutas sozinhas, não combinam bem com a maioria dos fortificados, porém podem ficar agradáveis acompanhadas por um vinho à base da Muscat.

Outras frutas

Esses tipos de sobremesa combinam com colheita tardia, botrytizados, alguns fortificados e alguns espumantes doces.

- Maçãs e peras combinam com colheita tardia da Sémillon, Chenin Blanc e cortes da Sémillon com a Sauvignon Blanc. Se o vinho for botrytizado, pode-se adicionar mel, baunilha e mais textura (cremes) à sobremesa.
- Pêssego, damasco e nectarina funcionam bem com a Riesling, com a Muscat e com cortes da Sémillon e da Sauvignon Blanc. Novamente, se houver presença de botrítis, pode-se adicionar mel, baunilha e textura.
- Preparação simples, como uma fruta escaldada, servida sem calda ou com uma bem leve, harmoniza bem com espumantes doces.
- Receitas com base em frutas reidratadas, como damasco seco escaldado em vinho ou uma compota de damasco, de pera ou de ameixa secos combinam com vinhos fortificados como Jerez, Madeira e Porto Tawny. Se o prato for uma compota simples, um espumante doce pode ser uma boa opção.
- Se essas frutas forem utilizadas como um detalhe da sobremesa ou com chocolate, você pode tentar combinar com inúmeros vinhos. Se o chocolate for dominante na sobremesa, fique com os fortificados.

Cremes e caldas cremosas

Esses produtos combinam com quase todos os estilos de vinho de sobremesa, incluindo o Eiswein.

- Caldas cremosas atuam de forma neutra, e a seleção do vinho será ditada pelo seu acompanhamento. Baunilha e especiarias combinam com vinhos envelhecidos em carvalho. Caramelo ou uma crosta caramelizada (como a do crème brûlée) reproduz os aromas de um vinho que passou pelo carvalho. Uma calda de chocolate combina com Porto, enquanto uma calda de laranja, com um colheita tardia.

- A textura mais rica de uma calda ou de uma mousse pede um vinho com igual textura, como podemos encontrar nos vinhos envelhecidos em carvalho e nos fortificados.
- Uma mousse mais leve ou sobremesas à base de iogurte combinam com espumantes doces, especialmente se a sobremesa contiver frutas frescas.

Sobremesas com nozes e frutas secas

Esses pratos combinam com fortificados, especialmente Porto, Tawny e Jerez Cream, e com alguns colheita tardia (os passitos e os sem botrítis).

- Sobremesas à base de nozes funcionam bem para destacar vinhos mais envelhecidos, que passaram por carvalho, como Vin Santo e Tokaji, e com aqueles que possuem aromas encontrados nas nozes, como o Porto Tawny e o Xerez Cream, ou mais secos (colheita tardia sem botrítis).
- Frutas secas, especialmente maçãs, peras e ameixas, quando acompanhadas de mel, harmonizam maravilhosamente com vinhos botrytizados. Com um pouco de creme de leite fresco, será possível combiná-las também com vinhos de estilo mais rico.
- Frutas como damascos, pêssegos e nectarinas vão muito bem com os Riesling e melhor ainda com os Muscat, especialmente os de estilo mais rico.

Chocolate, café e caramelo

Essas sobremesas combinam com o Porto e outros tintos de sobremesa, como o Banyuls.

- Café e caramelo juntos harmonizam com quase todos os fortificados, bem como chocolate com nozes e caramelo.
- Fortificados de estilo mais oxidado (como o Porto Tawny e o Jerez envelhecido) funcionam particularmente bem com caramelo, toffee, manteiga de caramelo e nougat.
- Café, chocolate ou mocha podem combinar com vinhos com perfil aromático de frutas negras e vermelhas ou cerejas e com vinhos que apresentam aromas de laranja ou cítricos, como os VDN (especialmente os Muscat), caso a sobremesa tenha uma influência significativa de frutas. Considere uma torta de marmelo, um bolo com calda de berries, ou uma mousse de chocolate acompanhada de cerejas em infusão de brandy.
- Vinhos com perfil mais frutado, como o Riesling e o Sauternes, encontram dificuldade com chocolate. Incorporar alguma fruta ao chocolate pode ajudar, mas, ainda assim, a sobremesa tende a deixar o vinho chato.

Da teoria à prática

Um resumo da harmonização entre comida e vinho permite afirmar que ela sempre ocorre por complementaridade ou por contraste, mas nunca por indiferença. Não concordamos com regras de harmonização em demasia, pois corre-se o risco de não se aceitarem desafios, ficando-se longe da descoberta de combinações ideais. Na prática, nem sempre é fácil aplicar a teoria. Qual o peso dos ingredientes? A receita é leve? Qual o ingrediente mais importante?

Como as respostas e possibilidades são variadas, muitas vezes fica-se em dúvida sobre qual vinho escolher para determinado prato. Essa é a graça da harmonização. Não há certezas ou respostas definitivas. Há sempre o prazer de experimentar, tentar novos caminhos, ousar. Contudo, para tornar a viagem mais segura, vamos lembrar os principais pontos vistos anteriormente.

Ordem na mesa

A ordem em que costumamos servir os pratos não é um simples capricho. Corresponde à intenção de que todo o cardápio (composto, ao menos, por uma entrada, prato principal e sobremesa) deve despertar, pouco a pouco, as papilas gustativas com diferentes estímulos, cada um mais surpreendente que o outro, e não saturá-las de imediato com a primeira garfada.

Disso, decorre que uma boa mesa sempre começará com pratos mornos e leves até os mais elaborados e quentes, para finalizar com doces, inclusive gelados. Paralelamente, devemos ir abrindo em determinada ordem os vinhos que acompanham cada etapa da refeição. No ritmo da comida, deve-se começar a servir desde os vinhos mais leves, os brancos ou os espumantes, até os tintos, mais encorpados, cada um na sua temperatura correta. Por último, os vinhos de sobremesa ou digestivos.

A essa ordem pode ser acrescentada uma regra sacrossanta: servir, primeiro, os vinhos mais simples e, depois, os mais complexos.

Vinhos em casa

- Decida sua prioridade: se for o vinho, escolha-o primeiro e, então, planeje o cardápio. Se tiver alguma receita especial que queira servir, ou algum ingrediente que deva brilhar, esteja ciente de que esses fatores ditarão a escolha do vinho. Planeje antecipadamente qual vinho complementará melhor o menu.

- Tenha a certeza de que seus vinhos estão nas condições ideais: quando servir um vinho tinto antigo, deixe a garrafa na posição vertical (de preferência no dia anterior) para que os sedimentos decantem. Quando servir um tinto jovem, abra a garrafa de 20 a 45 minutos antes do horário programado para a refeição, para permitir que o vinho respire. Para brancos e espumantes, assegure-se de que estejam resfriados, não gelados demais. Se necessário, retire-os da geladeira e deixe-os um pouco em temperatura ambiente para que os aromas não fiquem escondidos. A melhor maneira de resfriá-los é usar o balde de gelo. Certifique-se, portanto, de que o gelo estará à mão no momento certo.
- Quando for comprar, escolha os melhores ingredientes: prefira alimentos da estação, que estarão em melhores condições e mais saborosos. Normalmente, comece escolhendo as frutas e os vegetais para, depois, escolher qual carne ou peixe se adapta ao conjunto.
- Sirva os melhores ingredientes da estação como atração principal, não tente misturar muitos ingredientes, pois isso aumentará a possibilidade de sabores conflitantes.
- Tenha sempre uma boa seleção de pães e queijos. Eles ajudarão a preencher qualquer vazio de sabor e textura no cardápio.
- Deixe tudo o que for possível pré-preparado ou poderá perder a noite inteira na cozinha, em vez de estar com os seus convidados. Tente preparar a mesa antes e selecione alguns aperitivos para que se amenize a fome. Lembre-se: afinal de contas, trata-se apenas de comida e vinho. Passar o tempo com a família e os amigos deve ser a prioridade.

- Podendo, ofereça opções, alternativas que permitam que as pessoas escolham o seu vinho e prato favoritos, estimule o diálogo entre os convidados e evite o constrangimento caso alguém não goste do vinho oferecido ou da comida.
- Prefira combinações simples e fáceis; talvez nem todos os convidados sejam tão simpatizantes da arte da harmonização quanto você. O sucesso da harmonização deve surgir naturalmente pelo comentário dos convivas.
- Na dúvida, faça harmonizações regionais: quando não tiver certeza sobre alguma combinação, apele para o prato e o vinho com a mesma região de origem. A tradição da combinação diminui a possibilidade de erro.
- Aceite que nem sempre o resultado será perfeito: melhor tentar novas combinações que servir sempre o mesmo prato com o mesmo vinho.

Vinhos em restaurantes

A harmonização entre vinhos e pratos no restaurante pode ser mais traiçoeira que a harmonização realizada em sua casa, já que, no restaurante, você não está no controle da situação. Muitas pessoas preferem deixar essa função a cargo da equipe do restaurante e simplesmente desfrutar o resultado. No entanto, alguns, especialmente os enófilos, não gostam de delegar essa tarefa e preferem assumir as escolhas. Para qualquer um dos casos, recomendamos atitudes que podem ser úteis.

- Decida sua prioridade. Se tiver preferência por pratos específicos (um prato especial do chef ou alguma indicação do maître), note que a comida é a prioridade. Escolha o vinho em função do prato. Se, logo no início, preferir aceitar alguma boa oferta do sommelier ou escolher o vinho em uma carta bem elaborada, sua prioridade é o vinho; escolha o prato a partir daí. Evite escolher tudo aleatoriamente e não hesite em pedir o auxílio da brigada da casa.

- Procure saber se o restaurante é conhecido por algum prato específico. Caso isso ocorra e a descrição do prato lhe agradar, fique com essa opção e escolha o vinho de acordo com o prato.
- Se quiser levar seu próprio vinho, certifique-se primeiro se o restaurante admite essa prática e qual o preço cobrado pela rolha (taxa de serviço). Ao chegar, entregue a garrafa ao sommelier e passe a ele as instruções que julgar necessárias, como o momento e a temperatura de serviço. Quando for servido, é de bom tom oferecer uma taça ao sommelier para que ele também deguste o vinho.
- Comunique previamente ao sommelier caso queira um tratamento específico aos vinhos: se escolheu uma multiplicidade de vinhos, diga sua preferência sobre a sequência, o momento e a temperatura de serviço; se serão necessárias diferentes taças; ou se algum vinho deve ser decantado ou aberto antecipadamente para que respire.
- Escolha a maior variedade possível de vinhos: especialmente quando estiver num grupo de apreciadores da boa mesa, tente propor o máximo de opções e combinações possíveis (de acordo com os critérios já mencionados).
- Lembre-se de ingerir uma taça de água para cada porção de vinho que beber; isso diminui a possibilidade de abuso do álcool.

- Aproveite o momento. Já que não terá o trabalho de preparar os pratos nem de lavar a louça após a refeição, desfrute dos momentos à mesa e, se estiver inspirado, arrisque alguma combinação mais ousada.

Queijo e vinho

A dupla é consagrada em todo o mundo. Queijo e vinho são alimentos que acompanham o homem há milênios. Nos últimos anos, no entanto, o casamento considerado sempre perfeito foi colocado em dúvida. Um estudo realizado na Universidade da Califórnia, em Davis, mostrou que queijos, principalmente os mais fortes, escondem as qualidades de vinhos tintos. A gordura desses queijos recobre as papilas e inibe o paladar. Dizem os pesquisadores americanos que as proteínas do queijo aderem aos componentes do vinho, dificultando a identificação de aromas e sabores. Em outras palavras, não se deve escalar um grande tinto para uma noite de queijo e vinho. Tendo esse cuidado, a chance de sucesso é maior. Também não é necessário escalar grande variedade de vinhos para esse tipo de festa. Um tinto correto e um branco amadeirado podem agradar a todos os gostos.

Mas há harmonizações pontuais clássicas. Queijo roquefort com Sauternes e stilton com Porto são dois casamentos famosos. De sabor intenso e forte, esses queijos salgados têm alto teor de gordura e acidez. Os tintos secos costumam sofrer com a acidez e o sal. Em geral, os vinhos doces se saem melhor com eles do que os secos. Outras harmonizações bem-sucedidas guardam relação com a origem do queijo e do vinho. Um pedaço de munster, de gosto profundo e um aroma penetrante, tem sido companheiro ideal para os vinhos brancos doces da Alsácia, lugar onde o queijo também se origina.

Na parte oriental do vale do Loire, em Sancerre, os vinhos brancos da Sauvignon Blanc, extremamente ácidos e com aromas minerais, têm como companheiro ideal os queijos de cabra produzidos na mesma zona. Um crottin de Chavignol sobre uma torrada e uma taça de Sancerre constituem uma experiência refrescante e inesquecível. Na Itália, o pecorino toscano estabeleceu sérias relações com o Chianti, especialmente o Clássico, tinto que acompanha o pecorino e iguala sua profundidade de sabores.

Top 25

Sensacionais harmonizações: para cada comida, o melhor vinho

1. Torta de cebola com Pinot Gris da Alsácia
2. Tapas com Xerez Manzanilla
3. Guacamole com Sauvignon Blanc chileno
4. Comida chinesa com rosados ou espumantes
5. Cordeiro assado com Bordeaux tinto ou Rioja
6. Caviar com champanhe
7. Queijo stilton com Porto Vintage
8. Foie gras com Sauternes
9. Torta de damasco com Tokaji Aszú
10. Steak com Cabernet Sauvignon razoavelmente encorpado
11. Risoto de trufas com Barolo ou Barbaresco
12. Vitela com Chardonnay barricado ou espumante

(cont.)

13 Queijo de cabra com Sauvignon Blanc

14 Salmão com crosta codimentada com Pinot Noir ou Chardonnay barricado

15 Peru assado com Shiraz australiano

16 Ostras com Chablis

17 Galinha ao molho de cogumelo com Rhône branco ou Borgonha branco top

18 Bife grelhado ou assado com tinto de Ribeira del Duero

19 Leitão com tinto da Bairrada (uva Baga)

20 Sobremesa à base de chocolate escuro com Banyuls

21 Atum com tintos do Loire

22 Vieiras fritas com Chardonnay barricado ou espumante

23 Comida japonesa com Riesling ou Verdelho

24 Queijo da serra da Estrela, comido em colheradas, com Porto

25 Sea bass com Alvarinho

Combinações possíveis

Para facilitar a escolha entre pratos e vinhos, damos aqui uma lista com sugestões de harmonização. Você pode seguir as recomendações e, a partir delas, criar seus próprios conceitos para chegar a combinações pessoais.

Aperitivos	
Azeitonas	Branco seco
Frios e patês	Branco seco, espumante, Beaujolais
Mortadela	Lambrusco seco, Beaujolais
Presunto cru	Jerez fino

Entradas	
Ostras	Branco seco (Chablis ou Sancerre)
Saladas (com limão)	Branco seco leve
Salmão defumado	Branco seco leve
Melão com presunto	Branco seco médio
Carpaccio	Branco seco ou tinto médio
Caldo verde	Tinto leve
Gaspacho	Branco leve, rosé ou Jerez fino

Peixes e frutos do mar	
Camarão e lagosta	Branco seco (Chardonnay)
Lula	Branco seco
Pescada, linguado, namorado	Branco seco
Salmão fresco	Branco seco (Chardonnay), tinto leve
Tartar de salmao	Branco seco (Sauvlgnon Blanc)
Bacalhau	Branco com madeira ou tinto jovem
Sardinha grelhada	Branco leve, vinho verde
Moqueca	Branco seco (Sauvignon Blanc)
Truta	Branco seco ou tinto leve
Cuscuz com camarão	Branco seco (Chardonnay, Riesling)
Paella	Branco seco, rosé ou tinto médio
Sushi ou sashimi	Champagne Brut
Vieiras grelhadas	Brancos amadeirados (Chardonnay)

Risotos e massas	
Risoto	Branco seco ou tinto (conforme os ingredientes)
Risoto de gorgonzola	Tinto encorpado (Malbec)
Risoto de linguiça	Branco seco, tinto leve
Risoto de camarão	Branco seco amadeirado (Chardonnay)
Massas (molho branco, leve)	Branco seco
Massas (molho de tomate)	Tinto médio
Fettuccine aos quatro queijos	Branco seco amadeirado
Fusilli com linguiça	Tinto médio (Chianti)
Penne com funghi	Tinto médio
Penne à putanesca	Branco seco, tinto leve
Espaguete ao sugo	Tinto médio (Chianti)
Quiche	Branco seco, rosé ou tinto leve
Pizza	Tinto leve, rosé, branco seco
Polenta com queijo	Branco amadeirado, tinto leve
Polenta com ragu	Tinto médio a encorpado
Panqueca de queijo	Branco seco (Chardonnay)

Aves e caça

Frango	Branco ou tinto (conforme o molho)
Frango ao molho de tomate	Tinto médio a encorpado (Malbec, Cabernet Sauvignon)
Coq au vin	Tinto médio, Borgonha
Pato com molho adocicado	Tinto encorpado
Confit de pato	Tinto Bordeaux, Rhône ou Rioja
Peito de pato com pimenta	Tinto encorpado (Cabernet Sauvignon, Malbec)
Perdiz, codorna	Tinto médio
Codorna recheada com bacon	Tinto potente (Cabernet Sauvignon, Sangiovese)
Coelho	Tinto médio
Peru assado	Branco seco (Chardonnay)

Carnes	
Vitela	Branco seco ou tinto leve
Porco (lombo, pernil)	Tinto médio
Porco (costelinha)	Branco seco
Vaca	Tinto médio ou potente (conforme o molho)
Javali	Tinto encorpado
Grelhados e churrascos	Tinto jovem e modesto
Filé ao molho Madeira	Tinto médio a encorpado (Cabernet Sauvignon)
Estrogonofe	Tinto médio a encorpado
Escalopinho de vitela	Tinto leve
Picanha ao forno	Tinto encorpado (Cabernet Sauvignon, Malbec)
Cordeiro	Tinto de Bordeaux, Rioja
Cabrito	Barolo, Barbaresco, Rioja
Carneiro assado	Cabernet Sauvignon
Fondue bourguignone (carne)	Tinto médio
Cassoulet	Tinto potente (Tannat)
Steak au poivre	Tinto de Bordeaux, Syrah
Filé Chateaubriand	Cabernet Sauvignon
Ossobuco	Barolo, Barbaresco, Sangiovese, Cabernet Sauvignon

Queijos

Ricota ou queijo de cabra	Branco seco leve (Sancerre)
Brie, camembert	Branco seco ou tinto médio
Emmenthal	Branco seco ou tinto médio
Gruyère, parmesão	Tinto encorpado
Gorgonzola, roquefort	Tinto, branco doce ou Porto Vintage

Sobremesas

Crème brûlée	Sauternes, Passito di Pantelleria, Moscatel, Late Harvest
Tortas de frutas, bolos	Passito di Pantelleria, Moscato d'Asti, Muscat de Beaume-de-Venise, Tokaji

Referências bibliográficas

DOWEY, Mary. *Food & Wine Pairing Made Simple*. Nova York: Ryland Peters & Small, 2002.

GOLDSTEIN, Evan. *Perfect Pairings*. Los Angeles: University of California Press, 2006.

HARRINGTON, Robert. *Food and Wine Pairing*. New Jersey: John Wiley & Sons, 2008.

MACNEIL, Karen. *Wine, Food & Friends*. Birmingham: Oxmoor House, 2006.

VERGARA, Héctor. *El Vino Perfecto para Cada Comida*. Santiago do Chile: Planeta Vino, 2005.

■ Espumante

Entrada: torradas cobertas com salmão defumado, temperado com molho à base de azeite, limão, sal, ervas e pimenta

■ Chardonnay
Cavaquinha grelhada com purê de maçãs e mousse de mandioquinha (batata-baroa)

■ Sauvignon Blanc
Lulas picantes no estilo thai, com molho de peixe nam pla; ou salada de folhas com torradas com queijo de cabra derretido em cima

■ Riesling
Chucrutes com joelho de porco

■ Gewurztraminer
Comida indiana com curry

■ Viognier
Risoto de frutos do mar com aspargos

■ Pinot Grigio
Camarão com melão em gelatina de crustáceo

■ Cabernet Sauvignon
Carré de cordeiro ao molho de ervas frescas

■ Merlot
Pato em molho de maçãs

■ Pinot Noir
Coq au vin

Syrah
teak au poivre

■ Sangiovese
Espaguete com molho bolognese ou polpetone

■ Tempranillo
Cabrito

■ Malbec
Ojo de bife ou bife ancho – grelhado – com batatas

■ Porto Vintage
Torta de amêndoas ou queijo roquefort

■ Late Harvest
Torta seca de maçã (torta tatin)